カール=バルト

カール＝バルト

●人と思想

大島 末男 著

75

CenturyBooks 清水書院

カール=バルトについて——カール=バルトと私

バルトの講義

あれは一九六二（昭和三七）年五月上旬のことであったろうか。シカゴ大学の招きによって、アメリカを訪問したカール=バルトは、サンフランシスコで公開講義を行うために西海岸にまで足をのばした。当時、南カリフォルニアのパサデナにあるフラー神学大学で勉強していた私は、数名の日本人留学生とともにバルトの講義に馳《は》せ参じた。パサデナを午前中に出発し、七時間ほどかけて、坂の多い都市サンフランシスコにある長老教会で夕方から始まる講義を聞きに行ったのである。

私たちは会場の左側に用意された特別席の後に陣取って、バルトの入場を待ちうけていた。すると、その特別席に老婦人と中年の夫婦が座を占めた。やがて講義の前のいろいろな挨拶《あいさつ》や報告が始まったが、その老婦人は英語が全然、分からないらしく、中年の婦人がいちいちドイツ語で通訳していた。遂にバルトの講義が始まることになり、司会者がバルトを聴衆に紹介した。次に司会者は、バルトの『教会教義学』の原稿の整理や資料の調査などを手伝っている秘書、シャーロッテ=フォン=キルシバウム女史を『教会教義学』誕生の際の助産婦として紹介し、女史の起立を求めた。私たちの前列にいた中年の婦人が急いで隣の老婦人に耳うちすると、老婦人は顔を赤らめて起立した。後で分かったことであるが、この中年の夫婦が、バルトの長男で当時シカゴ大学で新約聖書学を担当していたマルクース=バルト教授夫妻であった。

その日のカール=バルトの講義は、慣《な》れない英語でとつとつと原稿を読む素朴で謙虚な老人の話という以外には、特に印象に残るものではなかった。当日の講義は、後に出版された『福音主義神学』の第一章であった。

名声の中のバルト

しかし今考えてみると、僅《わず》か一時間の講義を聴くために三百マイルの道を遠しとせず、私たちが車で駆けつけるということ自体、やはり異常なことである。ところがその当時は、それが異常でない程、バルトの名声は高かったのである。アメリカでは超一流の週刊誌「タイム」も勿論、バルトの特集号を出した。バルトはまさに凱旋《がいせん》将軍のようにアメリカ各地で熱烈な歓迎を受けたのであった。

バルトの神学は「神の自由の神学」といわれるが、アメリカの奴隷解放に深い関心をもつバルトは、講義の合間をみて南北戦争の遺跡を訪れた。これは戦史にも興味を抱くバルトにとって、二重の意味で楽しいことであったろう。またバルトはアメリカの西部劇を好んだが、これもあの力強い文体に表される彼の戦闘的な性格を象徴するとともに、自由を求めて西遷して「神の自由」の創造の御業（みわざ）にあずかって、荒野の中に秩序を確立し、自由の町を建設したフロンティア精神を愛したからでもあろう。

特にシカゴ大学では、バルトただ一人に名誉博士号を授与するために、式典を挙行し集会を開催したほどである。これは本当に異常なことといっていい。私が知っている限り、文化人類学者のクロード=レヴィ=ストロースや哲学者のポール=リクールという著名な学者でも、シカゴ大学においては、他の多くの学者たちと一緒に名誉博士号を授与されただけであった。それほど高くバルトは評価されていたのであった。

アメリカにおけるバルト熱は、少なくとも当時の日本のキリスト教会はもちろん、一般の思想界でも十分に理解できることであった。太平洋戦争直後の日本のキリスト教界では、バルトはまさにスーパースターとして君臨し、当時の日本の神学界はバルト一色といってよかった。

バルト研究に志す

私がバルト神学の勉強を始めたのは、たしかにこのような流行に影響されてはいたが、私の決心にはもっと深いものがあった。バルト自身、堅信礼を受ける準備をしていた少年の頃、キリスト教の信条を内側から理解することを志したと語っている。私にもそのような願いがあったと思う。とにかく神学に志した私は、やはり現代神学の最高峰であるバルト神学を極めたいと願ったのであった。

このようにバルト神学の研究に志した私は、羽鳥明先生の推薦によって、バルトの『教会教義学』の英訳者ジェフリー＝ブロムリー教授の下で勉強するために、フラー神学大学に留学する機会を与えられたのである。バルトの講義を聴くためにサンフランシスコまで駆けつけたのは、ブロムリー教授の許《もと》での三年間にわたるバルト神学の勉強が終わる直前のことであった。

当時の私は、東京大学に在学中、小池辰雄先生や前田護郎先生の聖書研究会に参加していたが、主として聖書神学舎の舟喜順一先生の許で、古プロテスタント教会の正統神学を勉強していた。またフラー神学大学では、正統神学と自由神学を弁証法的に統合する新正統神学を勉強していたのであった。

しかし私は、一九世紀のヒューマニズムの伝統に基づく自由神学の生命に触れることは全然なかった。その時、アメリカの自由神学の牙城《がじょう》であるシカゴ大学へ、パウル＝ティリッヒがハーヴァード大学から移るという噂を耳にした。バルトとならんで現代神学の双璧とうたわれたティリッヒの許で勉強してみたいという願いが、私の胸の中にふつふつと湧き上がるのを覚えた。それと自由主義神学が実際、何をしているのか覗《のぞ》いてみるのも、いい経験になるだろうという軽い気持ちでシカゴ行きを決心したのであった。

シカゴ大学の中の異邦人　しかし保守派の信仰の中に育った私が、敵対関係にある自由神学の牙城であるシカゴ大学へ行くということは、やはり気の重いことであった。九月の下旬から新学期が始まるが、シカゴでは九月の下旬や一〇月の上旬に、突然冬のような気候が訪れることがある。特に私が初めてシカゴへ行った一九六二年は、寒さが俄《にわか》にやって来た。

日光がさんさんと降り注ぐ南カリフォルニアで、すべてが明るく開放的な三年間を過ごした私にとっては、陽《ひ》の光も鈍く、中世ヨーロッパの城郭を彷彿《ほうふつ》させる灰色の建物や　建物の入口が二重扉で固められているゴシック建築やバロック建築のシカゴ大学は、何といっても重苦しく息の詰まりそうな存在であった。

新入学生の歓迎会が夜七時からあるというので出席したが、私は何となく馴じめず、会場の片隅でぼんやりしていた。すると、中年の婦人が近づいて来て、明るい笑顔で話しかけて来た。曇った冬枯の日に、突然、日光が差し込んで来たような明るさであった。私には、すぐそれがマルクース=バルト夫人であるとわかった。バルト教授と長男のペーター君も加わって話ははずんだ。ペーター君も今年シカゴ大学の神学部に入学したので、一緒に勉強しようと励まし合った。そして「われわれは霊においても肉においてもシカゴ大学の中の異邦人だ」などと語り合った。シカゴ大学における外国人留学生だけでなく、自由神学の大海に浮かぶ孤島のような存在である新正統神学の擁護者だという意味であった。

これがバルト家の人々と私の交わりの始まった日の出来事であった。ペーター君とは机を並べて勉強し、日曜日や祝祭日には、よく夕食に招待された。キリスト教では、日曜日と祝祭日は、時間における天国の雛型《ひながた》、また家庭は空間における天国の雛型といわれる。バルト家は、いつも喜びと明るさに満ち、天国が地上に実現されたような家庭であった。「神の愛」の神学、「喜び」の神学といわれるバルト神学を地で生きている和《なご》やかな雰囲気であった。

真理の学際的研究

当時のシカゴ大学には、神学研究の中心地という名称に相応《ふさわ》しく、ヨーロッパ各地から著名な学者が客員教授として滞在していた。私もその恩恵に浴して、ヴォルフハルト=パンネンベルクやヘルムート=ティリッケの講義に出席して、バルトについての理解を深めた。そしてさらに八年の歳月を費して、当時のシカゴ大学でバルト神学を担当していた故ヨセフ=ハルトゥニアン教授とラングドン=ギルキー教授の許で、学位論文を完成した。一九七〇年のことであった。

しかしシカゴ大学は、何といっても哲学的神学の中心地であった。私は最初の三年間をパウル=ティリッヒの講義に出席し、またティリッヒ急逝後の四年間は、その後任教授として、パリ大学とシカゴ大学の兼任教授となったポール=リクールの講義に出席して、哲学的神学の勉強に励んだ。ティリッヒの示唆に基づくのであろうか、当時のシカゴ大学では神学の学際的研究に重点がおかれていた。文化と社会から孤立した神学を再び文化と社会の枠組みの中で見なおし、神学を基礎として、多元的社会の中に調和と一致を見出そうと試みたのであった。

私のフラー神学大学時代の指導教授であったブロムリーは、エディンバラ大学で教えていたこともあり、スコットランド学派に属していた。スコットランド学派は、トーマス=トーランスによって代表される新正統神学の擁護集団であった。そしてバルト神学は聖書の釈義に基づいて構築された神学、つまり神の言葉（聖書）を対象とする特殊科学であり、哲学とは関係ないという立場を固持していた。これはたしかに正しい主張であろう。しかしバルト神学は、同じ聖書釈義に基づくカルヴァンの神学とは、いろいろな点で大きく異なる。しかもこの差異は、カルヴァンの時代の精神的風土と現代の精神的風土の差異を反映しているとも考えられるのである。とすれば、バルト神学を理解するために、時代精神の代表的表現である哲学との学際的研究は、非常に意味あることと思われる。

神学の混乱と再建

シカゴ大学で哲学的神学の研究に励んでいた八年の間に、私はさらに大きな経験をした。それは一九六〇年代に吹き荒れた「神の死」の神学の問題である。時、恰《あたか》もベトナム戦争が泥沼に這り込み、既存の体制や価値がすべて疑われ、否定された時代であった。日本、アメリカ、ヨーロッパを問わず、新左翼の学生運動がすべてを破壊し、神学界もその例外ではなかった。神学界は全く混乱し、バルトやティリッヒの権威も完全に失墜した。

このように、すべての価値が疑われ、「聖」を破壊する「俗」が幅をきかす状況の中で、私はさらに八年間、ヒューーストンにあるライス大学で、神学と宗教哲学を教えながら、世俗化の問題と正面から取り組んだのであった。

一体、世俗文化というようなものは、西洋史の中で、せいぜい二百年の歴史しかもたない比較的新しい精神現象なのである。人類の歴史の初期においては、技術や芸術などの文化的創造は、すべて宗教的起源をもっていた。宗教史学者ミルチア＝エリアーデが語るように、混沌《こんとん》の中に秩序を確立し、人間を虚無から救い出すために、神は文化規範を啓示したのであると、古代人は堅く信じていたのである。したがって文化規範を正確に繰り返し、また神の啓示である聖書の言葉通りに生きることによって、人間は虚無に服することから救出され、真に人間らしい人間になることができると、古典時代の人間は信じていたのである。古典神学によれば、真のヒューマニズムは、人間中心に生きることではなく、神によって与えられた規範を正確に繰り返すことから生まれてくるのであり、これが正統神学の他律主義、律法主義の真の意味なのである。

さて、人間が文化のフロンティアで真剣に生きている時、また自己の限界を超えるような困難な問題と真剣に取り組んでいる時、誰でも神を身近に感じ、宗教的に生きるものである。フロンティア時代のアメリカにおいて、人跡未踏の荒野を開拓し、町を創造し、秩序を確立することは、神の創造に参与することを意味した。そこでは苦労は多いが、それだけ生きる意味や喜びも大きく、ここに労働の真の意味もあったのである。ところが人間は、文化的恩恵に馴れてくると、文化遺産を自分の力で獲得したと錯覚するようになる。そして遂に人間が神の座を占め、人間の眼によいと見えるものはすべて許されるようになり、ここに神を抜きにした世俗文化が成立するのである。しかしその結果として、現在のアメリカと日本において、われわれは深刻な自己疎外と自己破壊を経験しているのである。

換言すると、バルトが正面から取り組んだ問題は、神をなおざりにした理想主義の哲学と自由神学が、悪の力の前に脆《もろ》くも崩壊するという事実であった。そしてわれわれが現在、直面している問題は、神の恵みなしでも生きて行けると思い上がった現代人も家庭崩壊や核軍備という問題を抱えて、自己崩壊の危機に曝《さら》されているという事実である。ところが、これらすべての問題を解決する道はキリストの福音の中に示されていると、バルトは主張するのである。

とすると、現代における人間の混乱を解決し、新しい人間像を確立する道は、神学の混乱を解決し、神学を再建する道と同一であることが明らかになる。それゆえ荒廃している現代社会に新しい方向を与えるためにも、バルトの生涯と思考の道を辿《たど》ることは、決して無意味なことではない。これは神学の真理が教会の内部だけではなく、広い世界でも堂々と通用する事実を示すことであり、バルトの『教会教義学』が意図するところでもある。中世では、神学は諸学の王であったが、バルトは現代において、この伝統の再建を試みているとも考えられるからである。そしてこれが「知解を求める信仰」というバルト神学の当然の帰結であることは、いうまでもない。

目次

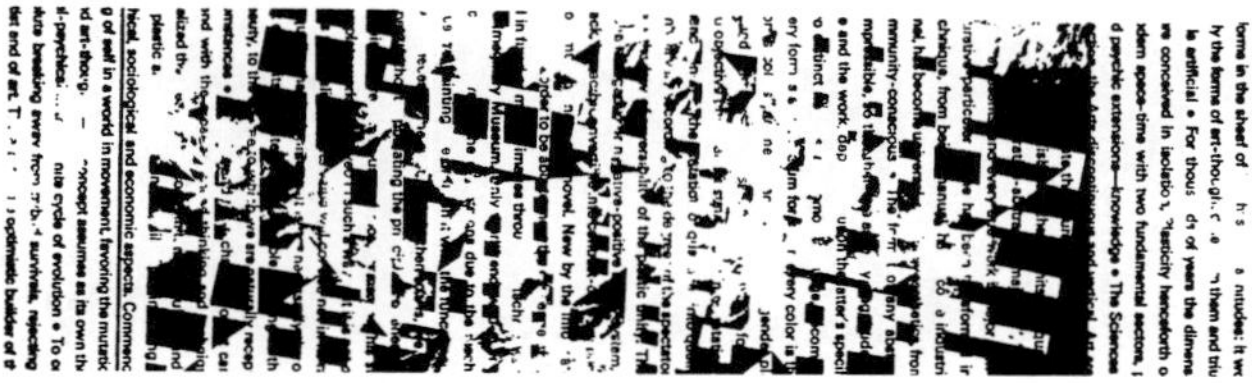

ノルウェイ
スウェーデン
アバディーン
デンマーク
エディンバラ
グラスゴー
北海
バルト海
コペンハーゲン
イギリス
オランダ
ポーランド
ハンブルク
アムステルダム
ベルリン
ドイツ民主共和国
オックスフォード
ミュンスター
ゲッティンゲン
ハレ
ライプチヒ
ロンドン
ケルン
ボン
マールブルク
プラハ
ブリュッセル
フランクフルト
チェコスロヴァキア
ドイツ連邦共和国
パリ
ベルギー
ストラスブール
テュービンゲン
ウィーン
ミュンヘン
フライブルク
ザルツブルク
フランス
バーゼル
チューリヒ
オーストリア
ザーフェンヴィル
ベルン
スイス
ヴェネチア
リヨン
ジュネーヴ
ミラノ
ボルドー
イタリア
ジェノヴァ
マルセイユ
スペイン
ローマ
ナポリ
地中海

カール=バルト関係地図

I

バルトの生涯

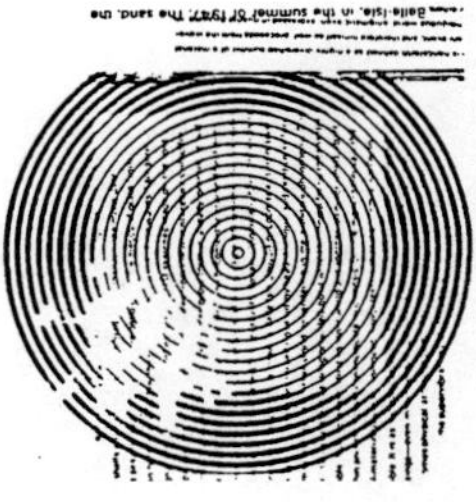

弁証法神学への道

バルトの生きた時代の特徴　現代は世界史の中で数度しか起こらないような激動の時代であり、われわれの人生観、世界観、価値観はもとより、これまで当然のこととして前提されてきた学問の根底自体が問い直されている時代である。しかし翻《ひるがえ》って考えてみると、現在、顕在化してきた世界と学問の危機が叫ばれ始め、現代社会を形成してきた諸前提が揺すぶられ解体され始めたのは、バルトがその苦闘に満ちた生涯の前半を生き抜いた一九世紀の末から二〇世紀初期にかけてのことであった。

スイスの片田舎で牧師をしていたバルトが学界にデビューする契機となった『ロマ書』を執筆していた一九一七年には、ロシア革命がおこり、ソヴィエト政府が成立した。そして『ロマ書』が完成した一九一八年には第一次世界大戦が終結し、さらにその翌年の一九一九年にはスイスのベルンで、スイス社会民主党の臨時党大会が開催された。

これらの事件の中で、何といっても第一次世界大戦がヨーロッパ、特にドイツに与えた影響は深刻であった。ドイツの繁栄と平和を約束した資本主義体制は破壊され、天井知らずのインフレによってドイツは経済的に行き詰まってしまった。これに呼応して理想主義に根差すドイツ観念論哲学と楽天的な自由神学は凋落《ちょうらく》した。そして既存の社会秩序と価値体系の崩壊によってもたらされた精神的荒廃の中で人々は、危機意識と不安におののいていたのである。初期のバルト神学は危機神学という言葉で性格づけられたが、これは、正義の神は罪人に危機をもたらすというバルトの主張が、この社会状況に呼応していたからである。

またバルトが学界にその地位を確立した二〇世紀前半は、自由神学形成の原動力となったデカルト的意識我に基づく学問体系が疑い始められ、既存の学問の根底が問い直された時代である。古典的プロテスタントの信仰に根差す資本主義社会が、実は資本家による労働者階級の搾取とそれによる社会の歪みを内包する事実をあばいたマルクスの諸著作は、一九世紀の後半に出版された。そして一九世紀の自信に満ちた意識の立場を逆転させたフロイトの『夢の解釈』が出版されたのは、一九〇〇年のことであった。マルクスが資本主義体制の下における労働者の自己疎外の構造を解明したように、フロイトは個人の意識の内部においても、意識我が意識の深層を形成する欲動と超自我(神)の要求によって脅かされ、デカルトにおいて最も確実であった近代の意識我が不確実、不安定となり、自己疎外を経験するメカニズムを明らかにしたのである。これらの学問的成果は、自我を確信しえた一九世紀の文化と社会の終焉を告知し、当時の時代精神が聖書のメッセージ、すなわち人間は原罪によって自己疎外に陥っているという主張と呼応する点で特に重要である。

さらに一九〇〇年は、論理学の基礎を問い直したフッサールの『論理学研究』第一巻が出版された年であるとともに、古典物理学を解体し再構成した現代物理学の量子論についての最初の論文がマックス＝プランクによって発表された年でもある。またハイデガーがプラトンからニーチェに至る形而上学を解体し、存在を開示の出来事と理解するに至る発端となった『存在と時間』を出版したのは、バルトが自己の神学的立場を確立するために懸命の努力をしていた一九二七年のことであった。反面、バルトの『ロマ書』があのように爆発的な成功を収めたのは、罪による人間の堕落と神の恵みによる人間の救済を説く聖書の主張が、人間存在の頽落《たいらく》と実存の自己超越を説く実存哲学の立場と呼応していたからである。またバルト神学が古典的正統神学と近代的自由神学を解体し再構成した事実は、現代物理学の量子論、ハイデガーの存在論が達成した成果と呼応する局面をもつのである。

さてキリスト教神学は、二つの条件を満たすことを要求される。すなわち聖書の真理を正しく伝えることと、この真理を時代の要請に適合するように解釈することである。正統神学は、たしかに二千年の伝統をもつ歴史的キリスト教の真理を堅持するが、激動する時代の要請に応答しきれないという弱点をもつ。反面、自由神学は時代の要請に呑まれて、社会の中に埋没し、福音の真理を見失う恐れがある。それに対してバルト神学は、福音の真理を堅持しながら、二〇世紀の学問的成果を自己の中に取り入れた神学であるが、どちらかというと聖書釈義に徹し福音の真理を堅持することに重点を置き過ぎた神学であると理解されてきた。では福音の真理とは何であろうか。いうまでもなく、それは罪に堕ちた人間、つまり自己疎外に陥った人間を救済する神の愛であるが、バルトはこの神の愛を、カルヴァン神学の伝統に従って神の恵みの選び、すなわち予定論として捉えたのである。それゆえこの第一部では、バルトの生涯を神の選び（予定論）の視座から辿ってみよう。

選ばれた人

人の一生はさまざまである。ある人は歴史の流れとは無関係に社会の片隅に生まれ、その存在を多くの人々に知られることなく、ひっそりと生きて死んで行く。普段は人々に顧《かえり》みられない野の花が、風雨に打たれながらも花を咲かせるように、このような人の一生にも悲しみや喜びはある。しかしその生涯は、いわば自然に抱かれた人生であり、その存在が歴史の流れに大きな影響を及ぼすことはない。

反面、ある人は国際社会に進出して活躍し、世界の動きに参与し貢献する。たしかに目的のある人生、しかもその目的を達成するために全力を傾けることのできる人生は意味ある生涯であろう。また、このように目的のある人生は、自然の懐の中で草木のように生きる人生よりも、自意識過剰な現代人にとっては、生き甲斐のある人生と映《うつ》るであろう。ただその主観的な希望が実現されるという保証はどこにもない。むしろ自分の立てた計画が無惨にも打ち砕かれるという悲劇を経験した人々は数かぎりない。個人の計画でさえ、自分の力だけでは実現できるものではない。なぜならその人の個人的な努力と才能、またその人の生きる社会的な環境、そして最後にその人の運命と神の摂理によって、個人の生涯は織りなされて行くからである。

歴史の大きな流れとなれば、さらに複雑な要素によって決定されて行く。とすれば、このように複雑な仕組をもつ社会と歴史の中で、社会に大きな影響を与え、歴史の流れを大きく変える人は、いわば特に選ばれた人である。歴史と社会に大きな貢献をする人は、社会の中で、その社会自体を逆転させるために人々によって選ばれ、歴史の中で歴史の流れを変えるために「時」によって選ばれ、最終的には神の計画を実現するために神によって選ばれた人であろう。バルトの生涯は、この神の選び（予定）を抜きにしては語れないし、この神の選びに渾身《こんしん》の力を振り絞って応答した彼自身の努力を抜きにしては語れない。

波瀾万丈の生涯

現代のような管理社会の中に生きる者は、ある型の中にはめ込まれて、分類されるものである。社会の枠組みの中に組み込まれない者は、食《は》み出し者である。ところが神によって選ばれた者、人間の思いを遙かに越える神によって動かされている者も、同様に、人間が作った小さな枠組みの中におさめられない。神の自由によって動かされていたバルトは、人物が大きすぎ、行動が自由すぎて、かえって社会から食《は》み出したのであった。事実、バルトの生涯は、外面的にみれば、多彩で変化に富み、全く人の意表を衝《つ》くものであった。正に波瀾万丈という言葉が相応《ふさわ》しい。それは、神によって動かされて、初めて可能になる生涯であった。実に、神はバルト個人が考えていなかった方向へ彼を導いて行ったのであった。

バルトはその学生時代には、父の保守的、正統的な信仰に反対して自由神学の徹底的な信奉者となった。また『ロマ書講解』を書いて、一躍、世界にその名を馳《は》せる以前の牧師時代には、労働者の味方であり、「赤い牧師」の悪名が高かった。さらにドイツにおける大学教授時代には、ヒトラーを批判してその地位を追われた。そしてスイスに帰国してからは、共産主義に同情的であり、また核兵器による軍備に反対したという理由で、スイス当局から睨《にら》まれる存在であった。しかし、このように波瀾に富んだバルトの生涯は、神によって動かされた人生であるとともに、神に忠実に仕えるバルトの徹底した生き方の現れに過ぎなかった。しかもバルトの学問的生涯も同様な態度で貫かれたのであった。

換言すれば、バルトの人生と学問の主題は、神の恵みの選びとそれに応答する人間の信仰との間に展開される歴史である。では、このような波瀾万丈の人生を生き、不朽《ふきゅう》の大作『教会教義学』を残したバルトは、具体的にはどのような人生を生き抜いたのであろうか。幸い、バルトの晩年の弟子エバハルト゠ブッシュが、バルト自身の手紙や自叙伝に基づいて、克明な伝記『カール゠バルトの生涯』*を出版しているので、この書物に従って、バルトの足跡をたどってみよう。第一部は、ほとんどブッシュの『カール゠バルトの生涯』に依拠したが、本シリーズの慣例にしたがっていちいち脚注をつけて出典を示すことは、一切省略させていただいた。なお本書の第一部では、第二部の思想篇の理解の助けとなる限度において、バルトの生涯について記述した。したがってバルトの生涯について、もっと詳しく知りたい読者は、小川圭治氏の訳で新教出版社から上梓されるブッシュの書物を直接読んでいただきたい。

* Eberhardt Busch, *Lebenslauf Karl Barths* (München: Chr. Kaiser Verlag 1978)

学者一家の中で

カール＝バルトは一八八六年五月一〇日、スイスのバーゼルで生まれた。カールの父ヨハン＝フリードリッヒ（フリッツ）＝バルトは、当時バーゼルの改革派教会の牧師であり、三年後にはベルン大学神学部の私講師に任命され、後に教授に昇進し、一九一二年その死に至るまで新約聖書学と教会史を教えた。この神学部は、自由主義神学を保持する国教会の神学部に対して、聖書を神の言葉と信ずる牧師を教育するために、保守的な信仰をもつ教会によって設立された神学部であった。

学生時代のフリッツは、バーゼル大学で、かの有名なフリードリッヒ＝ニーチェやヤコプ＝ブルクハルトに師事した。そして教授時代のフリッツは、保守的な信仰をもっていたにも拘《かかわ》らず、高名な自由神学者アドルフ＝フォン＝ハルナックの親友でもあった。また日本でも特に有名なカール＝ヒルティとも親しく交際した。ヒルティは当時ベルン大学の法学部教授であり、啓蒙主義に基づく自由神

ハルナック

学を保持していた。

　フリッツは正統神学と自由神学の仲介者となろうとし、社会は変わっても福音は生き続けることを確信していたのであった。そして聖書を文字通りに肯定する積極的な信仰をもつ保守派と、聖書を批判的に読む自由派の衝突を止揚する中間の道を模索し続けたのである。カール＝バルトが成長したのはベルンであり、その人格形成に大きな影響を与えたのは、聖書をそのまま肯定して信ずる保守的な家庭と教会における教育であった。後年、バルトが正統神学の聖書主義に深い理解を示したのは、このような出自に基づくのであろう。

　カール＝バルトの母方の祖母は、バーゼルで有名なブルクハルト家の出であり、歴史学者ヤコブ＝ブルクハルトの従姉妹であった。またカールの兄弟も、それぞれ秀才の誉れ高く、次弟のペーター＝バルトは、ヴィルヘルム＝ニーゼルと共に『カルヴァン選集』を編集した教会史家であり、末弟のハインリッヒ＝バルトはバーゼル大学の哲学教授となった。まさに学者一家というのに相応《ふさわ》しい恵まれた家庭と環境の中で、バルトは成長したのであった。

幼年期のバルトは、厳しく躾《しつ》ける典型的な中流家庭で育てられた。例えば、悪いことをした時にはきつく叱られたという。しかしカールは父をいつも尊敬し、母には愛着をもつ少年として成長して行ったのである。カールは小学校の頃から数学は得意ではなかったが、本の虫であり、書物を耽《たん》読《どく》し、作文は特に得意であった。これが後年、あの巨大な『教会教義学』を書く素地を作ったことは言うまでもないであろう。

バルトの神学は「神の言葉」に聴き入る神学と言われるが、少年の頃からカールは音楽を愛する繊細《せんさい》な精神をもっていた。小学生のカールは、すでに父フリッツの弾いていたピアノから流れるモーツァルトの『魔笛』に深く感動したと、後にその小論文「モーツァルト」の中で彼自身語っているが、モーツァルトへの愛は終生変わらなかった。

反面、少年カールは、他の少年たちと同様に戦争ごっこを好み、特に過去の戦争の記録を熱心に読んだ。後年バルトがアメリカの南北戦争について専門家はだしの知識をもつに至った素地は、このようにして養われたのであろう。少年カールが記憶している最初の戦争は日清戦争であり、小国が大国に対して勝利をおさめたことは、彼に深い印象を与えた。後年のバルトの日本好みは、この頃からのものであったらしい。

少年期の終わり頃には、バルトはシラーの詩を愛読したが、これは後年の彼の自由の精神を養ったことであろう。そして一五歳の時、すでに将来の職業を選択していた。一九〇二年三月堅信礼を受けた日の夜、神学者となることを決心し、キリスト教会の信条の意味を裏の裏まで理解しようと志したのであった。

自由神学への傾斜

ここで、若きバルトの生涯を語るのに必要な限度において、当時の神学的状況について一瞥《べっ》しておこう。当時、大多数のキリスト者は、宗教改革の教義を大切に保持して来た正統神学の教義を信じていた。しかし一九世紀の科学とダーウィンの進化論に基づいた自由主義神学が徐々に教会の中に滲透《しんとう》してきた。その初期においては、自由神学も聖書の権威を認め、キリストの犠牲による罪人の救いの教義を保持していた。

しかし自由神学は徐々に人間の罪について眼を覆うようになり、神へ戻る自由を人間はもっていると主張し、神と人間の間にある「質的差異」を否定しだしたのである。そして人間の罪を強調し、善をなす自由意志を否定する正統神学と対立的立場を取ったのである。その上、自由神学は、聖書を批判的に分析し始め、聖書は神によって霊感された書物ではなく、一般の古典と異なるものではないと主張したのである。

このような時代精神が支配している中で生涯の目標を定めたバルトは、まず父フリッツの指導の下にスイスのベルン大学で神学の勉強を始めた。一九〇四年のことである。当時のベルン大学では、旧約学者ヴェルハウゼンや新約学者バウルの許《もと》で学んだ学者たちが教えており、バルトは彼らから歴史的、批評的に聖書を研究する方法を学んだのであった。つまりバルトは、オリエントの宗教史の枠組みの中にユダヤ教とキリスト教を位置づける宗教史学派の学問を勉強したのであった。しかしバルトはベルン大学の学者たちに満足せず、学問の中心地であるドイツで勉強することを強く望んだ。

保守的信仰をもつ父フリッツは自由神学を好まず、保守的なハレ大学を薦《すす》めた。しかし向学心に燃えるバルトは、当時の学界を支配していた自由神学を身につけたいと願った。そこでバルトは、ドイツの諸大学の著名な学者たちの許で勉強しようと決心し、まずベルリン大学で教会史学者ハルナック、教義学者カフタン、次にテュービンゲン大学で新約学者アドルフ＝シュラッター、そして最後にマールブルク大学で教義学者ヴィルヘルム＝ヘルマンの許で学んだのであった。

当時のベルリン大学は、正統神学を保持するハレ大学と自由神学を代表するマールブルク大学の中間に位置する穏健な学風をもっていた。父フリッツは、ベルリン大学でも保守的な教理史家ゼーベルクの許で息子が勉強することを望んだが、バルトは当時の学界に君臨していたハルナックの弟子となった。そして魚が水を得たように勉強に熱中し、ベルリンにある博物館、劇場、音楽会などは見向きもしなかった。

ベルリン時代のバルトは、カントの『純粋理性批判』と『実践理性批判』を熟読したが、カントの形而上学批判は、神の客観的な存在を擁護する正統神学の終焉《しゅうえん》を意味した。それゆえバルトは正統神学から遠ざかり、その代わり主観的な信仰に基づいて神学を構築した近代神学の祖シュライアマッハーを自己の導きの星と仰いだのであった。シュライアマッハーはロマン主義の神学者であり、神との神秘的な結合を強調し、神と人間の「直接的」な関係を主張したのである。

自由の気風の中で

当時のバルトは、神学だけでなく文学においてもロマン派の詩人にひかれ、アイヒェンドルフやノヴァリスを好んで読んだ。これは、青年期には誰もがロマンティストになるというだけでなく、ロェシー＝ミュンガーとの実を結ぶことのない恋愛を経験したことにもよるのであろう。

父フリッツは息子のことを心配し、ロェシーを断念させ、自由神学への傾斜を矯正するという一石二鳥を狙って、息子のカールをテュービンゲン大学へ送った。スイスのベルン大学におけるフリッツの前任者であり、また聖書に忠実なシュラッターの許でカールを勉強させるためであった。しかしバルトは、保守的な正統神学には、どうしても馴《な》じめなかった。バルトはシュラッターに失望し、父の薦めに反して、かねてからの念願の地であったマールブルクへ移ったのであった。

当時のマールブルク大学は、新カント派の哲学の全盛時代であった。一九〇八年、教義学者ヘルマンの弟子となったバルトは、日本にもその名を知られた哲学者、ナトルプやコーヘンの許で新カント派の哲学を熱心に勉強した。ヘルマンはシュライアマッハーとカントの伝統を踏まえており、

ノヴァリス

バルトの理想とする学者であった。その上、自由の気風がマールブルクの町を支配していたことは、バルトにとって嬉《うれ》しいことであった。

スイス人は、自由の気風を尊ぶ。このスイス人の血が、バルトをして父に反逆させ、自由神学の陣営に属させたのであろうか。それはともあれ、息子のカールによって惹き起こされた反逆や混乱の中で、神の選びと摂理の業が着々と準備されていたとは、当時の誰が考え得たであろうか。父親フリッツの願いと計画が無惨にも打ち砕かれてゆく中で、父なる神自身が、父親フリッツが息子のカールのために立てた計画を実現して行くとは、当時は誰も夢想だにしなかったのであった。

自由神学への
疑いと婚約

大学を終えたバルトは、一九〇八年の秋、自由神学の機関誌「キリスト教世界」の編集助手となった。マルティン＝ラーデ教授が編集していたこの雑誌には、トレルチ、ブッセ、ベルンレ、グンケルといった当時一流の学者たちが投稿していた。それゆえバルトは、学問の最尖端《さいせんたん》で仕事をしているという満足感にひたることができたのである。しかしそれ以上に、ラーデの知遇を得たことは、後年のバルトにとって大きな意味をもつことになる。一つは次弟ペーターとラーデの娘ヘレーネの結婚である。さらに大きな意味をもつのは、ラーデに送ったバルトの私信が偶然ともいえる事情の下に、自由主義神学批判の運動の導火線となったことである。神の摂理というべきであろうか、人間の思いの及ばないところで、歴史は着々と準備されて行くのである。

それはさておき、一九〇九年の夏、バルトはマールブルクに別れを告げて故国へ帰り、ジュネーヴの改革派教会の副牧師として二年間を過ごすことになった。当時、ジュネーヴの一般市民は、キリスト教に対して関心は薄く、教会へはあまり出席しなかった。そこでバルトは成人学級を編成して、市民の聖書教育に力を入れた。しかし自由神学の教育を受けたバルトは、キリストの十字架の死に基づく罪人の救いの福音、つまり危機に際して人間を支えてくれる客観的なキリストの福音を人々に伝えることはできなかった。

ヘルマンの自由神学の影響下に勉強してきたバルトが信じえた唯一のことは、生ける神と直接に交わることであり、信仰の根拠は人間の中に働くイエスの人格的な生命であった。しかし牧師となって気づいたことは、浅薄な自己と内的生命の貧しさだけであった。実際に牧師として働いてみて、初めて自由神学の理想と現実の落差の大きさを知らされたのであった。

ジュネーヴという場所にも影響されたのであろうか、バルトはカルヴァンの著作を読み始めた。そして徐々に、キリスト教の自由神学的理解は、魂の問題を解決するには無力であることが分かってきたのである。しかしバルトは直ちに自由神学を放棄したわけではなかった。ある意味で無為に過ごしたこの二年間の副牧師の期間に、バルトがした唯一の意味あることといえば、ネリー＝ホフマンとの婚約であった。当時、ネリーはジュネーヴ音楽院の学生で、一八歳であった。

改革派教会の牧師として

その後バルトは一九一一年から一九二一年までの一〇年間、スイス、アールガウ州のザーフェンヴィル教会の牧師として過ごした。この地域には、一九一二年の末に電気が通じ、住民は農業労働者から工業労働者へ移行する過程にあった。バルトはここで初めて改革派教会の牧師であることを自覚し、キリスト教神学の源泉である聖書と本格的に取り組み、数年の間「ローマ人への手紙」を徹底的に研究した。パウロが今やバルトの関心の的となり、説教と牧師としての働きという労苦に満ちた場所がバルト神学の母胎となった。実にバルト神学のルーツは、ザーフェンヴィルでの牧師としての働きにあったといえるであろう。

一九一二年、父フリッツは突然、地上の生涯を終えたが、その遺言は次のような趣旨のものであった。すなわち、学問や批評よりも主《しゅ》を愛することの方が大切であり、主と生ける交わりをもてるように祈ってゆかねばならない。この時以来、バルトは父の生き方を理解するようになった。そしてブッシュによると、三年後に、同国人のユングから精神分析を受けたとき、初めてバルトは父に対してエディプス－コンプレックスを持っていたことを知ったのである。

キリスト教の歴史の中で、アウグスティヌスの生涯は、その母モニカの愛と祈りを抜きにしては語れない。同様に、キルケゴールとバルトの生涯は、その父との関係を離れては語れない。彼らの場合、親と子、父と子の関係の中に、反逆と和解というキリスト教の根本問題が的確に示されていたのである。

一九一三年、バルトはネリー＝ホフマンと結婚し、翌一九一四年には長女フランシスカが誕生した。そして同年、エトワルト＝トゥルナイゼンが同じアールガウ州の教会の牧師として赴任して来た。トゥルナイゼンの父とバルトの父は幼な友達であったが、息子同士も親友となり、すべてにおいて行動をともにし、その信頼関係は終生変わらなかった。トゥルナイゼンはバルトのいたザーフエンヴィルの山の裏側の教区の牧師となったが、バルトは朝早く家を出て、自転車で丘や谷を越えてトゥルナイゼンを訪問し、しばしば朝食をともにした。また彼らは規則的に文通し、牧会と神学の問題を一緒に考え抜いた。実に、バルトの長い学問的生涯を通して、トゥルナイゼンとの交友は、最も重要な役割を演じたのであった。

社会主義と「神の国」

ザーフェンヴィルで、若いバルトを捉《とら》えたもう一つの問題は、社会主義の問題であった。この問題についても、われわれは人の思いを遥かに越える神の摂理を見ることができる。学生時代のバルトは、テュービンゲンではクリストフ＝ブルームハルト、またマールブルクではレオンハルト゠ラガツの面識をえていたからである。

元来、キリスト教は罪人の救いに関わる。キリスト教の本質は、神によって創造された本来の姿(神の似像《にすがた》)を歪められた人間(罪人)を、神との正しい関係へ回復することである。個人の場合と同様に、社会の歪みが目立つようになれば、当然、歪められた社会を、その本来のあるべき姿(本質)に回復することが、関心の的となるべきである。

当時、キリスト教を社会問題の立場から理解した思想家の一人に、ヘルマン゠クッターがいた。トゥルナイゼンがクッターをバルトに紹介したのであるが、クッターは、神の国は教会だけでなく世俗社会をも包含するので、イエスの神の国の福音は労働者の福祉を擁護する社会主義運動とも相容れると説いたのである。この「神の国」の運動の中で最も影響力のあった思想家は、すでに言及したラガツであった。ラガツはキリスト教の本質を、社会の中心から脱落して周縁へ追いやられた人々に幸福をもたらすことであると理解したのである。

現代の宗教社会学の問題の一つに、中心と周縁の問題があるが、バルトのキリスト論的方法とは、中心点であるキリストの働きの輪《わ》を押し拡げることにより、最初に教会、次に世俗社会、最後に自然をも福音の中に取り入れて、三重の同心円から成る神の国を建設することである。とすると、後年のバルトは、ラガツによって提起された問題をキリスト論的方法によって解決しているわけである。

最後に、前述したブルームハルトは、終末論を強調し、イエスの福音は、神の国を人々の日常生活の中に導入することであると主張した。彼は終末論、つまり将来における希望の視座から神を理解し、神は世界を根本的に新しくすることによって、神自身をも常に新しくするのであると説いた。そしてキリストの和解の働きによって、神は歴史を根本的に新しくし、また神自身をも超越すると主張するブルームハルトの歴史理解と神理解は、後にバルトの教義学の中に導入されたのである。

赤い牧師

既述のように、当時のザーフェンヴィルは、農業社会から工業社会への移行の過程にあり、少数の資本家たちが工場を所有し、低賃金で労働者を雇用していた。無力な労働者たちは、団結しなければ、資本家に立ち向かうことはできなかった。この地域社会で牧師をしていたバルトは、労働運動の渦の中に巻き込まれ、当然のことながら労働者側を支持した。しかし人々は、「赤い牧師」というレッテルをバルトにはり、教会の役員をしていた資本家や有力者たちは教会から去っていった。

神学にとって、この問題は一九世紀のブルジョア社会に根差す理想主義と自由神学の没落を意味した。近代神学は、人間と社会の歪みについて十分な認識をもたず、労使関係という社会問題を解決するには、全く無力であった。

第一次世界大戦と自由神学　自由主義神学の崩壊とバルト神学の成立にとって、さらに決定的な影響を及ぼしたのは、第一次世界大戦であった。第一次世界大戦が起こった一九一四年八月一日、九三人のドイツの知識人たちは、全世界に対して、皇帝ウィルヘルム二世の戦争政策を支持することを宣言した。この知識人たちの中には、バルトが日頃、尊敬していたハルナック、ヘルマン、哲学者オイケンなどが含まれていた。彼らが倫理的に誤ったことは、その倫理的行為の前提となる彼らの神学や哲学もまた誤っていたことになる。とすれば、彼らの思想によって培《つちか》われてきたバルトの神学の根底そのものが揺さぶられたことになる。バルトはこのような見解を、私信としてマルティン=ラーデに書き送った。既述のように、ラーデはバルトに無断で、この私信をラガツの編集する雑誌「新しい道」に掲載した。この日、バルトは自分ではまったく気付かずに無心のうちに行動しながらも、一九世紀の自由主義神学に対して宣戦を布告する破目になったのである。ここまでくると、もうバルト個人の意志を離れて、神の摂理によって歴史が動かされている事実を認めないわけにはいかない。

さらにバルトが自分の恩師たちを批判したことは、神に対して忠実に生きている人間、神にすべてを捧げて生きている人間は、巧《たく》まずして神の倫理規範を体現している事実を物語る。またこの「自然に動かされながらも規範にかなっている」ということ、「自発的に行動しながらも規則にしたがっている」ということ、つまり自由と必然性の統合が、バルトの主張する「神学の美しさ」でもある。

ここにバルトの倫理学と美学の共通の根があるわけである。

バルトによると、モーセの指揮下にエジプトを脱出したイスラエルの民は、神を信じ神に頼って生きていたのであり、このモーセ揮下の人々の生き方を成文化したのがモーセの十誡である。またイエスの許に集まった弟子たちは、真に神中心の生活をしていたのであり、その集団の構成員の生き方を文章化したのが、イエスの「山上の垂訓《すいくん》」である。正統神学は律法と規範（形態）が人間形成と歴史形成の根拠であるという立場をとるのに対し、バルトは神と人間の間に展開される歴史（神の恵みと人間の応答の間に形成された契約関係）が律法と規範の根底にあると理解する。これがバルト神学において、契約（神の予定）が創造（律法と規範）の内的根拠といわれる理由である。

また第二部第三章でバルトのアンセルムス書を論ずる時に詳述するように、正統神学の神が世界の必然的な根拠であるのに対して、バルトは神の自由の恵みによって神の必然性（創造の根拠）を基礎づける。ここに自由と必然性を統合する神の恵みの根源的事実によって、バルトの神論、予定論、創造論、倫理学、美学が結び合され、後年「神学は美しい学問である」とバルトが主張する根拠が見出されるのである。バルトの『教会教義学』は、神の恵みの跡をたどっているうちに自然と秩序を整えてくるのであり、ここにバルトの神と神学の美しさがある。とするとバルトは、自分が後年明確に文章化した神学的真理を、神に忠実に生きる自己の経験の中から体得したわけである。ここでも、バルト神学が生活と密接に結びついている事実が明らかになるのである。

文化主義、自由主義、民主主義、社会主義運動は、人間の叡智《えいち》の結晶であり、すべてを人間の力で処理できる平和の時には美しい。自由神学もカントの倫理学もこの例に洩れない。しかし死と生が隣合わせているような人間の限界に直面する場合、また戦争というような人間の力を超える悪の力に直面する場合、自由神学を含めて人間のすることは、すべて虚《むな》しい。

このように人間の力を信頼できなくなったバルトにとって、神の重要さを再認識することが最も大切であることがわかって来た。神を神とすることに比較すれば、自由神学、社会主義運動などは、児戯に等しかったのである。

「神の国」とロマ書第一版

こうしてバルトは、自由神学と宗教社会主義を超越する聖書の「神の国」に一層関心をもつようになった。そして一九一六年七月、『ロマ書講解』を書き始めた。第一次世界大戦の最中のことであった。

「ローマ人への手紙」を精読しているうちに、人間とは質的に異なった神が迫ってきたのである。この神の国は、過去・現在・将来という時の流れを本質とする歴史を支えている根源的歴史、つまり「原歴史」というべきものであった。この原歴史という概念は、バルトの父フリッツが師事したフランツ＝オーフェルベックが見出した概念であった。真の神の前では、人間的な優劣や区別は、もはや問題にならない。なぜなら原歴史（神の国）は、人間社会の古い枠組みの中で、人間と社会に対する解決案を提出するのではなく、古い枠組みを解体して、新しい枠組みそのものを創り出すことに関わるからである。

それゆえ天と地、神の国と地上の国、本質と存在（実存）、理想と現実という古典的な枠組みの中で、神について考えることはもはやできない。なぜなら神の国（原歴史）は、現実の人間がもつ醜悪な面を除き去った後に残る「あるべき姿」（本質）や理想ではないからである。むしろ、現実の問題と正面から取り組み、この世の悩みを実際に解決して、本質と存在という既存の枠組みそのものを根本的に解体し、再構成することこそ、神の国（原歴史）をこの世に実現する道だからである。この原歴史がキリストの和解の業であり、本質と存在という枠組みをもつ創造の秩序の内的根拠なのである。それゆえ原歴史を自己の神学の根本概念としたことは、バルトにとって、プラトンからヘーゲルに至る本質主義の哲学に基づく神学と訣別《けつべつ》することを意味したのであった。そしてこの原歴史の概念が、後にバルトの歴史概念の根本的枠組みを形成したことは言うまでもない。そしてこの原歴史（根源的出来事）の概念に基づいて、バルトは後年、そのアンセルムス書において、神の本質から神の存在を導き出す古典的な神の存在論的証明に対して、神の啓示の出来事から神の存在と神の本質の両者を導き出す、自己の神学の根本的立場を確立するのである。

神の国（原歴史）は、「根源的に新しい世界を創造すること」であり、社会主義運動のように既存の枠組みの中で権力に反抗することではない。それゆえバルトは宗教社会主義と訣別しなければな

キルケゴール

らなかったのである。

こうして一九一八年八月『ロマ書講解』は完成した。

この多事多端な時期に、バルト家では、一九一五年一〇月に長男マルクース、一九一七年に次男クリストフが誕生した。またバルトの末弟ハインリッヒは、一九二〇年バーゼル大学で哲学の私講師となった。バルトはこの末弟のハインリッヒから、プラトンの光の下でカントを新たに理解する可能性を示されたのであった。さらにこの時期、ドストエフスキー、ニーチェ、キルケゴールを読むことによって、バルトは人間の陥る深淵について理解を深めたのであった。

ゲッティンゲン大学招聘とロマ書第二版

このような知識に基づいて、バルトは『ロマ書講解』の改訂版を書き始めた。一九二一年、バルトがゲッティンゲン大学からの招聘《しょうへい》の手紙を受け取ったのは、この改訂版を執筆中のことであった。これはバルトにとって全くの驚きであり、彼はこの招聘に動転してしまった。バルトは学者として立つことに全く自信がなかった。途中で行き詰まることなく、自分の職務を無事に全うできるか否か、先の見通しの全くないまま、バルトは一寸先は暗闇の学問の世界へ乗り出したのであった。

それはさておき、この第二版では、第一版にあった汎神論的色彩は取り除かれ、キリスト教の神の独一性は一層明確に示された。汎神論は、身体と精神、自然と文化の対立という枠組みの中では、精神や文化を神的なもの＝超自然的なものとみる傾向がある。事実、原始宗教や正統神学の一般啓示論では、文化は神の啓示であり、精神の世界は神と接続していると考えられたのである。しかしこのような神は真の神ではない。真の神は、文化の世界、精神の世界を超える絶対者であり、自然と超自然、天と地の区別をさらに超える絶対者である。この神理解が、後にバルトの人間論の中に導入され、人間は、精神と身体を統合する聖霊の働きによって、肉体をもつ精神として構成されると、バルトは主張するのである。

一九二二年、『ロマ書講解』の第二版が出版され、これがバルトの名声を確固たるものとした。バルトは計算を全く度外視して行動しながらも、他の学者たちが綿密に計画を立て意識的に準備したこと以上のことを成し遂げたのである。これも人の計画する世界を遙かに越える神の御業《みわざ》の賜物とみてよいであろう。自己を全く神に捧げ、神に忠実に生きる者は、巧《たく》まずして、人間の理想以上のことを実現するのであり、これがバルトの神学・倫理学・美学の根である。その上、ゲッティンゲン大学に新設された改革派神学の講座を支える資金の一部は、アメリカの長老派教会が献金したのであった。したがって父フリッツが、正統神学に立つ保守的な教会の献金によって設立されたベルン大学神学部の教授となったのと同じことが、息子カールの場合にも繰り返されたのであった。

「時の間」刊行と弁証法神学

一九二二年、バルトはゲッティンゲン大学の神学教授として、新しい人生を踏み出した。バルトは、一二年間の牧師生活のために余儀なくされた学問上の遅れを取り戻さねばならず、寸暇を惜しんで古代、宗教改革、現代の教義学の研究に励んだ。その反面、バルトは象牙の塔にこもるという生活とはほど遠く、時代の動きにも敏感に反応して行動した。この学究生活と時代精神の形成への参与という静と動の二つの生き方を統合したところに、後にバルトが単なる学者にはとどまらず、一流の思想家として大成した秘訣が見出されるのである。

当時のドイツは戦後不安がみなぎり、精神的に荒廃していた。このような精神状況を反映して、キルケゴールが再発見され広く読まれた。第一次世界大戦は近代人が自明の真理として信じて来た人間の理性と善意の無力さを明示したが、神学界においても人間の理想像を過信しすぎた自由神学は、時代の要求にこたえられず凋落していった。そこで若い神学者たちは、世界の無気味さや人間の危機という言葉によって象徴される荒廃した世界を救うことができるのは、神だけであることを再確認したのである。

このような状況にうながされて、バルト、トゥルナイゼン、ゴーガルテン、ブルンナー、ブルトマンは、神の言葉の上に堅く立つという旗印の下に、雑誌「時の間」を刊行し、自由神学に対抗した。他方、敵対関係にあった自由神学は、一九世紀の人間中心主義に基づく科学的方法によって、信仰の真理を明らかにすることに関わっていた。そして宗教を信ずる人間を、歴史学的、心理学的に研究することをその中心課題とした。つまり自由神学は、当時のヨーロッパ文化の一つの構成要因であるキリスト教を、近代的学問の方法論の枠組みの中で研究したのである。それゆえ、このような神学が、崩壊したヨーロッパの文化と社会を救うことができないのは自明のことであった。

これに対してバルトたちは、神の言葉が信仰の真理を啓示するという事実に基づいて、神の言葉と宗教体験を区別したのである。バルトの神学は、伝統的な文化の中に内在化されない絶対者としての神に基づくので、伝統的な文化と学問の危機をもたらし、伝統的な学問の方法論を止揚する。それゆえ、バルト神学は、当時、弁証法神学とか危機神学とか呼ばれたのである。

バルトの『ロマ書』の神は、罪人を糾弾する聖なる神、絶対的な超越神であり、宗教史学の立場からみれば、怒りの神、父なる神、「遠い神」「ひまな神」(Deus otiosus) に対応する。このように神と人間の関係が失われたとき、人間に身近な神が必ず現れる。バルトの場合、自然神学を破壊した聖なる神と罪人を再結合する神がキリストと聖霊である。事実、次章で語られるバルトのアンセルムス書の神は、実は、古典神学の最高存在者としての神ではなく、三位一体の神であり、キリストであり、聖霊である。

神学方法論の確立

改革派神学の擁護

ゲッティンゲン大学におけるバルトの任務は、自由主義神学に対して改革派教会の教義学を擁護することであった。バルトには、聖書がプロテスタント教会の教義学の規範であることはわかっていたが、聖書を基礎として神学を構築する道筋は、まだ明確になっていなかった。どのようにして教義学を講義しようかと迷っていたバルトは、たまたまハインリッヒ＝ヘッペの編集した『福音主義改革派教会の教義学』を入手した。この一七世紀に開花した古プロテスタント教会の教義学は、正統神学を真剣に学び直す契機となった。一九二四年春のことである。翌一九二五年、バルトはミュンスター大学の教義学の教授として招聘された。ここにも五年とどまることになるが、その間、アウグスティヌスとルターの勉強に励むとともに、学生たちから慕われるほどに彼らの指導に喜びと使命を感じた。しかしバルトは正統神学にできるだけ忠実であろうとしたので、弁証法神学形成のために協力した昔の友人たちから徐々に孤立して行かねばならなかった。

またバルトの生涯に大きな意味をもったキルシバウム女史がバルトの前に現れたのも、この時期であった。彼女はバルト家に寄寓《きぐう》し、対外的な交渉をすべて取りしきったので、妻ネリーの存在はキルシバウム女史の影に隠れるほどであった。バルトがアメリカ旅行に、妻ネリーではなくキルシバウム女史を伴ってきたことも、アメリカの保守派の教会の中では評判がよくなかった。しかし『教会教義学』を完成させるためには、キルシバウム女史は学問上の助手として必要な存在であった。このように内外ともに緊張した状況の中で、バルトは次々と著作を出版して行った。一九二七年には『キリスト教教義学への序論』、一九二八年には『神学と教会』が出版され、バルトの名声は徐々に高まっていった。

キルシバウム

ボン大学の看板教授

一九三〇年、バルトはボン大学の教授となった。ボン大学の神学部には、優秀な教授がいたが、バルトはすでに押しも押されもせぬ看板教授となっていた。バルトの教室は学生で溢《あふ》れ、その中には、ヘルムート＝ゴルヴィツァーやヴァルター＝クレックというような現在の神学界の担い手となった秀才たちや、西田幾多郎《きたろう》の示唆に基づいて日本から留学した瀧澤克己がいた。

一九二九年、バルトはアンセルムスの研究を始めた。そしてこのアンセルムス研究が、後に『教会教義学』として結晶するバルト固有の神学方法論を確立させることになった。バルト自身、アンセルムスの『プロスロギオン』(神との対話) 研究によって、キリスト教を人間学的＝哲学的説明から解放したと語っている。しかしここで問題となるのは、人間学的＝哲学的説明という言葉の意味である。バルトは、天と地、精神と身体、本質と存在という哲学的＝人間学的枠組みから解放されたと主張しているとと思われるが、後期ハイデガーもこのような形而上学的枠組みを解体している。ここにバルト神学について未解決の大きな問題が隠されているわけである。

それはさておき、バルトは自己の神学的立場を確立し、キリスト教史に不朽の名をとどめる『教会教義学』を出版し始めたのである。その第一巻、第一分冊が出版されたのは、一九三二年のことであった。

弁証法神学の崩壊

さて話は、一九二二年、若手の神学者たちが弁証法神学の機関誌「時の間」を刊行した時に遡る。元来、弁証法神学は、キルケゴールの実存哲学に神学の基礎を求める運動であり、この限りでは彼らの間に一致があった。勿論、彼らの間には始めから個人差はあったが、自由神学という外敵に対抗するために団結していたのであった。しかし時がたつにつれて、各自の個人差は明白となり、ゴーガルテン、ブルンナー、ブルトマンは、それぞれ自分の道を歩いて行ったのであった。

まだ一九二二年のことであるが、バルトはマールブルク大学にブルトマンを訪問した。当時ブルトマンは自由神学と訣別していたが、なお正統神学と自由神学の間に接続性があると信じており、後に神学を実存哲学の中に解消する危険性を最初からもっていたのである。反面、ゴーガルテンは、一九三一年頃からしだいにドイツ民族主義へ傾斜して行き、ついにはナチスの国家主義を擁護するようになった。しかし、第二部で詳述するように、祖国と民族を強調することは、地縁・血縁を重視することであり、キリスト教から原始宗教へ遡行し、啓示神学から自然神学へ遡行することを意味した。なぜならキリストの福音は、個人の罪の悔い改めとキリストの救いによって神の子供とされることを本質とし、個人の出自とは関係ないからである。

あまりにも有名になったバルトとブルンナーの論争は、このような政治的状況を考慮に入れて、初めて十分に理解される問題である。一九三四年、もともと弁証学に関心をもつブルンナーは、人間の理性的本質は罪によって実質的には歪められているとしても、神の啓示を受け容れる形式的な可能性をもつと主張した。ブルンナーは、神の呼びかけに応答する形式的な可能性を、人間は自己固有の本質としてもっていると主張したのである。これに対してバルトは、神の呼びかけに応答する能力でさえ、人間に生得のものではなく、神の啓示と聖霊の働きによって新しく創造されるものであると主張したのである。ここにブルンナーの本質主義の立場とバルトの出来事*の立場の相違が明確に示されているのである。

しかしそれ以上に、バルトが啓示とキリストの出来事*を強調する理由は、ブルンナーのように神を認識する能力が生得のものであるとすれば、彼の立場は、キリストを抜きにしても神を認識することができると主張する自然神学に陥る危険を孕《はら》むからである。そして究極的には、ブルンナーの主張はゴーガルテンのドイツ＝キリスト者運動とともに、ナチスの国家主義を擁護する結果を生みだすからである。したがってバルトが哲学的＝人間学的立場から解放されたと語るのは、単純にキリスト論的立場を確立したと解釈してよいであろう。

ボン大学在職中のバルトは、カトリックの神学者エーリッヒ＝プシュワラとの論争に影響されて、トマスとボナヴェントゥラの研究に励んだ。この研究を踏まえた上で、バルトはカトリック教会の「存在の比論」は反キリスト教的であると批判したのである。存在の比論は、神の啓示とキリストを抜きにして、神を認識することができると主張するからである。たしかに「対応」という意味においては、一応、存在に基づいて、神と人間の間に比論は成立する。しかし罪によって人間の本質は歪められており、真の神に対する人間の眼は曇らされている。それゆえ神と人間の間の真の対応は、人間に生得な本質や存在に基づくのではなく、キリストの出来事*によって神と人間の間に新たに確立された関係に基づくのである。これが、自然神学の「存在の比論」から啓示神学の「信仰の比論」「関係の比論」への移行であり、哲学の論理からバルトの聖書の論理への移行である。この視座からみると、ブルンナーは人間学的な基礎を神学に提供していることになり、自然神学に逆戻りしているわけである。

話は、やや前後するが、改革派神学に対してできるだけ忠実であろうとするバルトは、昔の仲間と袂《たもと》を別たねばならなくなり、弁証法神学に基づいた共同戦線は解体され、機関誌「時の間」は一九三三年に廃刊された。そこでバルトは、終生の友として残ったトゥルナイゼンと協力して「今日の神学的実存」を定期的に刊行することになった。まさに「人間の混乱」が神学界を支配した観があるが、政治の領域における混乱はさらにひどく、ヨーロッパ全体が破局への道を歩みだしたのである。

＊　キリストの出来事は包括的な概念で、まずイエス＝キリストの具体的な歴史的事実を指示し、次にこの事実の中に巻き込まれて生き方を変えられた人間が神の呼びかけに応答することによって展開する根源的歴史（関係）を指す。したがってキリストの出来事は、古典神学の本質と存在の対応という枠組みを解体すると同時に再構成する根源的事実である。この意味で、キリストの出来事は、前章で言及した神の国、原歴史と同様に、歴史の根源的構造、深層構造にかかわっている。それゆえ根源的歴史や出来事（Ereignis）をめぐって、バルトとハイデガーの間に相応性（ホモロジー）が成立すると主張することも可能になる。しかしバルトとハイデガーの関係は、歴史の根源的構造についての哲学（自然神学）とキリスト教（啓示神学）の対立的関係とみるのが、妥当、かつ健全な見解であろう。

ナチスに抗して

バルトが自然神学と戦っている間に、政治面においてはナチスが急速に勢力を増大させて行った。そして一九三〇年代の初期には、政治情勢はもはや取り返しがつかない所まで来ていた。一九三一年、バルトは、悪魔の働きであるナチスの勢力を阻止する意図の下に社会民主党に入党した。バルトは、ただナチスに反対している事実を具体的に表現するために入党したのであった。またバルトが入党したのは、自分をエマニュエル＝ヒルシュやゴーガルテンから明白に区別するためでもあった。

ヒルシュは、キルケゴールの翻訳家として名を馳せた宗教哲学者であったが、ナチスを公然と擁護した。他方、ゴーガルテンは、既述のように、神の律法とドイツ国民の法律の同一性を主張して、ナチスとキリスト教の総合を試みたのであった。これらは、キリストを抜きにして、人間の理性だけに頼る自然神学が、悪魔の働きに対して、如何《いか》に無力であるかを示す好い例である。バルトが、ゴーガルテンはもとより、ブルンナーとも訣別しなければならなかったのは、この危険を鋭く見抜いていたからである。

一九三三年、ナチスは遂にドイツの政権を掌握した。そして思想的にもドイツ全体を統制しようとして、国家公務員である大学教授に、反体制的な社会民主党から脱退するようにと圧力をかけて来た。しかしバルトは最後まで、この圧力に屈しなかった。そのうえバルトは、教会はゴーガルテンが説くようにドイツ国家に仕える必要はなく、神だけに仕えるべきであると主張した。しかも教会を真理へ導く聖書は、ヒルシュが説くように人間の宗教的記録ではなく、神の啓示の書であると主張した。聖書は神の啓示の書であるとバルトが執拗に主張したのは、聖書は人間の危機を克服するための唯一の導きの書であるという彼の具体的な主張と表裏をなしていたのである。ドイツの改革派教会は、バルトの見解に賛成し、「福音の自由」のためにナチスに反抗し立ち上がった。この行動に呼応するように、マルティン＝ニーメラーを指導者に仰ぐドイツ福音教会もナチスとの戦いを開始した。しかしブルトマン以外の旧友たちはみな、政治闘争から身を引いて、研究室にこもってしまった。バルトが後年になってもハイデガーを嫌ったのは、その哲学を好まないというよりも、ハイデガーがナチスに協力したからであろう。

理論と実践、学問と政治は相伴わなければならない。実践を伴わない理論は不毛であり、実践を抜きにして可能性だけを論じても、空虚である。ここにもわれわれはバルト神学の根を見ることができる。実際に生起したキリストの出来事がバルト神学の出発点であり、人間の生き方を実際に変えることのできるキリストの出来事に基づいてのみ、啓示の可能性について語る意味がある。反対に、啓示を人間の理性や自然の中に内在化することは、不毛で空虚な結果しか伴わない。

告白教会

一九三三年、ナチスに反対する教会は、「神のほかに何ものをも神としてはならない」というモーセの第一誡を旗印として団結した。これが告白教会であり、バルトはその理論的指導者であった。

一九三四年一月、ベルリンで教会の指導者と神学者の集会がもたれた。ここでもバルトは、神によって創造された秩序は、人種、血縁、地縁、国家と同一ではないと主張した。神の創造は、神の恵みと和解に基づいて理解されるべきであり、神の恵みから独立している自然という領域はありえないというのがバルトの見解であった。この真理は、後にバルトの創造論として結晶したのであり、ここでもバルトの教義学が現実の教会闘争の中に深く根差していた事実が指示されるのである。たしかに国家は教会の外側に存在する。しかし国家はキリストの主権の外に立つのではないので、キリストの啓示を抜きにした自然法とか、国家の自律というものは考えることはできない。

このような政治情勢の中で、ナチス当局は、大学の講義をヒトラーに対する敬礼をもって始めることを要求してきた。しかしバルトにとって、講義は説教と同じであったので、彼はこのような猿真似を断固として拒絶した。そして従来通り、神への祈りをもって講義を始めていたのである。しかしバルトは、最悪の事態が発生することを秘かに予期しなければならなかった。

バルメン宣言とボン大学罷免　その危惧が現実となり、ブッシュの書物に生き生きと叙述されているように、一九三四年四月三〇日、バルトはボン市警察局に召喚されて尋問《じんもん》され、五月二六日には、一時的に拘禁された。しかしバルトはそれに屈せず、五月末に告白教会を強化するためにドイツ全体の福音教会の会議を召集することを提案した。その結果、同年五月二九日からドイツ福音教会会議がバルメンで開催され、バルトが起草した「神学的宣言」は五月三一日に採択されたのである。

バルメン宣言は、世界と教会の主は神ひとりであることを明確にし、ヒトラーの政策に反対する教会を糾合《きゅうごう》する意図の下に起草された。そして聖書に証しされたイエス＝キリストに徹底的に服従し、聖書とは異なる源泉から汲みとられた教理を断固として拒否することを主張したのである。その主旨は、教会を自然神学から浄化することであったので、バルトにとって特に重要であった。自然神学をめぐってブルンナーと論争したのも、この年であった。

バルトがなぜあのように自然神学に反対したのか、われわれは奇異な感じを受ける。しかしこれは、人間の罪を真摯《しんし》に受け止めるか否かに関わる問題であり、福音が本当に罪人を救うことができるか否かに関わる問題なのである。世界と人間の「あるべき姿」（本質）が歪められていない理想的な時代には、自然神学は力をもつ。カトリック教会の自然神学と新プロテスタント教会の自由神学は、人間の善意や正義が悪の力から保護されている理想的な条件の下でのみ成立する。つまり現実の罪に目を覆《おお》い、理想的な人間を前提とした上で、自然神学は意味をもつわけである。

しかし邪悪がはびこり、世界と人間の「あるべき姿」が無惨にも打ち砕かれる時代には、自然神学は空虚となり、無意味となる。ところが真の福音とは、自然神学を無意味にした悪の力を克服する神の根源的な力である。この福音に基づくバルト神学は、悪の力を克服する神の根源的な働きに根差す根源的な思考である。反面、理想的状態を前提とする表層的世界で通用する自然神学が、この表層的世界の秩序を覆《くつがえ》す悪の力の軍門に容易に降り、悪の力に迎合せざるをえないのは当然のことである。

一九三四年一一月七日、バルトはヒトラーに忠誠を誓うことを拒否し、一一月二六日には教壇に立つことを禁止された。そこでバルトは、一九三五年五月、将来の見通しの全くつかないまま、スイスへ帰国した。同年六月二二日、ドイツの文化省長官（文部大臣）はバルトを罷免《ひめん》した。しかしバルトは直ちにバーゼル大学神学部教授の地位を与えられたのであった。ここでも「人間の混乱」した動きの真只中で働く「神の摂理」の御手を、まざまざと見るのである。

大著『教会教義学』に取り組みつつ

故郷へ戻ったバルトは、一九三五年七月、バーゼルに居を構えた。エディンバラのトーマス＝トーランス、ドイツのハンス＝ヴォルフ、ゴルヴィツァー、クレックなどの秀才たちは、再びバルトの許へ集まって来た。バルトは学生たちを指導するとともに、作家のトーマス＝マン、ピアニストのルドルフ＝ゼルキンとともにドイツのユダヤ人解放のために尽力した。

故郷での忙しい日々

バルトは、スイス国内で忙しい毎日を送っていたにも拘らず、外国にまでも出かけて、東奔西走し、席の温まる暇もなかった。一九三五年と一九三六年には、チェコとハンガリーへ講演のために出かけたが、この旅行での収穫は、プラハの神学者ロマドカと親交を結んだことと、予定論の古典的解釈を改めたことであった。後に詳述するが、予定論は神の恵みの選びであり、宿命論を意味するのではない。そこでバルトは、救いに定められた者と滅びに定められた者を明確に区別する二重の予定という古典的教義を、救いに定められた人間イエスが十字架上で滅びに定められたという形に変形する。それゆえバルトの二重の予定論は、カルヴァン主義正統神学のように、特定の人が救いに定められ、別の特定の人が滅びに定められるということを意味しない。バルトの新解釈は、勿論、聖書の釈義に基づく解釈であるが、当時、敵と味方に別れて戦っていた世界のキリスト者たちの一方が救いに定められ、他方が滅びに定められるのではないという配慮にも根差している。つまりキリストを信ずる者は誰でも救われるというのが聖書の真理である。ここでも純粋な神学的真理が現実の生活に深く根差している事実が指示されるのである。

バルトは、一九三七年三月にスコットランドのアバディーン大学でギホード講義を行ったが、この講義を契機にして、キリスト論的方法論が確立した。ブッシュが手際よくまとめているように、神ひとりが神であり、神は人間（他者）に依存しない。この神の自己依存性（aseitas）が神の自由である。しかし神は人間なしには存在しようとせず、人間を創造し、人間に語りかけ、人間と交わりをもつ。「神我らとともにいます」（インマヌエル）というこの神のあり方が神の愛である。こうして自由と愛を統合する「神の現実性」の教義が形成され、バルト神学の根本的枠組みができ上がったのである。

一九三七年の夏、『教会教義学』第Ⅰ巻第2分冊（Ⅰ／2と以下略す）が完成し、一九三八年バルトはバーゼル大学神学部長となった。バルトの名声は高まり、同年三月オックスフォード大学から名誉学位が贈られた。その反面、同年一〇月、バルトの全著作は、ドイツで発売禁止となった。ここで興味ある現象は、ドイツの大学は別として、英国の諸大学がまずバルトに名誉博士号を授与したことである。これは、学問的にはバルト神学の最良の理解者がスコットランドの神学者たちであったことと、政治的にはナチスの批判者としてのバルトを英国民が高く評価したからであろう。

それはさておき、一九三九年の夏、『教会教義学』II／1「神の現実性」（実在する神）が完成した。ブッシュが報告しているように、神は悪魔の力に縛られない自由をもち、罪人を救う愛をもつ。神の本質である自由と愛は、キリストを通して啓示された真理であると同時に、悪魔の力の体現者であるナチスとの戦いの中から得られた洞察にも基づいているのであろう。

バルトは休息を取る暇もなく、一九三九年の秋には『教会教義学』II／2「予定論」に取りかかった。『教義学』II／2の序文で明記しているように、「予定論」では、バルトはできるだけカルヴァンに忠実に従おうと願いながらも、カルヴァンから遙かに遠ざかる結果となった。正統的であるということは、過去の形式を墨守《ぼくしゅ》することではなく、過去の伝統から喜んで学ぶという態度である。この態度の相違が、保守的な正統神学とバルト神学の差異である。この例からもわかるように、バルトの教義学も永遠に住むべき家ではなく、真理への道標の一つなのである。

一九四〇年、バルト神学の最良の理解者ハンス＝ウルス＝フォン＝バルタザールがバーゼルに現れた。彼はバルトの論敵プシュワラの弟子であったが、カトリック学生のための牧師としてバーゼルに赴任して来たのであった。バルタザールは、モーツァルトを愛する点でもバルトに劣らなかったが、約一〇年後の一九五一年、バルト神学について深い理解を示す注解書を出版した。またバルト神学の特徴を、最初に「神の恵みの勝利」という言葉で捉えたのも彼であった。

在郷軍人バルト

バルトが学問的に精進を続けながら政治的にも活動している中に、一九三九年九月、第二次世界大戦が始まった。バルトは、まず中立国スイスをナチスの宣伝から守るために、キリスト教の信仰によってナチスを批判した。次にバルトは、思想的な抵抗だけでなく、軍事力によってもスイスをナチスの脅威から防衛しなければならないと考え、一九四〇年四月、在郷軍人の資格で、スイスの軍隊に入隊した。当時、バルトは五四歳であった。バルトは、歩哨《ほしょう》に立つほど熱心に軍務に精励したが、上官に敬礼するのを忘れて、危うく営倉へ送られそうになるという彼ならではのハプニングを起こしたという。

ブッシュの書物によると、中立国スイスは、バルトがドイツを激しく攻撃するので、非常に困惑したという。敵側では、ヒルシュが、バルトはドイツ国民の敵であるといって非難した。事実、一九四一年からは、逆スパイの任務を帯びたディトリッヒ=ボンヘッファーが、三度にわたりバルトを訪問していたのであった。このように多事多端の中にも、一九四二年三月には、『教会教義学』Ⅱ／2「予定論」が完成した。しかもバルトは直ちに『教会教義学』Ⅲ／1「創造論」に取りかかった。創造論では、バルトは戦争中であったにも拘らず、創造を神の喜びの視座から見ていた。暗い夜は必ず明けることを確信していたからである。

戦争が終わりに近づいた時、バルトは以前のナチス攻撃とは反対に、ドイツ人の友であることを堂々と宣言した。これは、反ドイツが一般の風潮であった真只中での発言であったので、バルトはまた誤解された。それにも拘らず、バルトは、戦後には荒廃したドイツを援助するために奔走した。そして一九四五年八月、バルトは破壊されたドイツを訪問し、マールブルクにブルトマンを尋ねたのであった。

東西の和解と教会の統一をめざして　戦後、ヨーロッパの再建が始まると、バルトは再びめまぐるしく活躍した。政治面では、西ドイツのアデナウアー首相、東ドイツのウルブリヒト議長と会談して東西の対立の緩和に努力するとともに、教会の一致のために、アンドレアス＝ニーグレン、レギン＝プレンターなどの北欧のルター教会の神学者たちと意見を交換した。さらにアムステルダムで開催される世界教会会議のために、ルター教会のグスタフ＝アウレンらと協力して教会論を起草した。その間にもバルトは学生の指導には特に力を入れたので、彼の許には、アメリカのジェイムス＝ロビンソン、スイスのハインリッヒ＝オットなどの現代神学の担い手となる俊秀たちが集まって来たのであった。

さらにハンガリーの政治情勢がナチズムから共産主義へ移行した中で、バルトは、キリスト教会は原則として共産主義に反対する必要はないと主張した。これに対して、ブルンナーはバルトがナチズムに反抗した時と同様に共産主義を攻撃しないと、バルトを批難した。たしかにバルトは、個人を強制する全体主義を嫌う。しかしナチスの場合は、価値あるものすべてを抹殺するニヒリズムであったのに対し、共産圏では経済面においては兄弟愛があると信じたのであった。そして西欧社会では政治的には自由と平等が保証されているが、経済的には不平等があると感じたのである。

当時、バルトは一週四時間、『教会教義学』を講義していたが、その準備のために毎週、三〇時間から四〇時間かけていた。このように『教会教義学』完成のために全力投球していたバルトの許で、一九四九年にはヴォルフハルト=パンネンベルクが頭角を現して来た。次いで一九五〇年には、フランスのカトリック教会の秀才、アンリ=ブイヤールがバルトの許に弟子入りして来た。ブイヤールはバルト神学を徹底的に勉強し、約七年後の一九五七年、バルト神学について最もすぐれた注解書三巻を出版することになる。

一九五一年、バルトは六五歳になったが、『教会教義学』Ⅳ／1「和解論」に着手した。そして一九五四年にはオランダの正統主義改革派教会の神学者、G=C=ベルカウアーが『バルト神学における恵みの勝利』を出版した。これは、バルタザール、ブイヤールの書物とならんで、バルト神学についての三名著の一つといわれる。こうして、バルト神学に対して常に批判的であったオランダ正統主義改革派教会、カトリック教会からもバルトを正しく理解する学者たちが現れ、バルト神学を中心に教会の一致への歩みが始まったのである。

逆転の論理

ブッシュが報告しているように、バルトはすでにバーゼル大学の看板教授になっていたが、第二次大戦後、もう一人の看板教授がバーゼル大学に赴任してきた。カール=ヤスパースである。バーゼルにおけるバルトとヤスパースは、一世紀前のベルリン大学におけるシュライアマッハーとヘーゲルのような存在であった。しかしベルリン大学ではヘーゲルがシュライアマッハーを攻撃したのに対して、バーゼルではバルトが専らヤスパースを批判した。反面、ヤスパースは常に紳士的な態度でバルトに接していたのであった。これは個人的な気性の違いにもよるが、バルトの視座からみれば、神学と哲学の関係、神と人間の関係が、一九世紀の自由神学の時代とバルトの時代では、逆転したからであった。

ヤスパース

一九四〇年代に「創造論」を書いていたバルトは、規則的に動物園を訪問し、動物を観察した。正確にいえば、バルトが動物を観察するためではなく、動物によってバルトが観察してもらうためであったという。このあたりにも、バルトの面目躍如としたものがある。日本でも俳句の専門家からよく聞く話であるが、われわれが自然を観察するのではなく、自然によってわれわれを観察してもらうことから、よい句が生まれるという。芸術や学問の真髄は、洋の東西を問わず同一なのである。

近代哲学と自由神学は、人間の側から事物をみることを大前提とした。この考えを最後まで押し進めたのが、ブルトマンの非神話化の議論である。制約された人間の視座から聖書を見る場合、当然、現在の科学的世界観に適合しないものは、全部、空虚な神話であるという結論に到達する。しかしキリスト教においては、真に実在する世界とは、人間の空虚な意見がむなしくなるところ、沈黙するところに、始まる。神こそ真に実在しており、逆に実在していると思っている人間の方が影の人間、空虚な人間なのである。同様に、人間の側からみれば、虚偽と思われる聖書の言葉こそ、人間について真実を語っているのである。聖書の神話的表現は、真実在の世界を描いており、ここにも逆転の論理が伏在する。このような理由によるのであろうか、非神話化の議論が吹き荒れている時に、バルトは、神を証しする純粋存在である天使についての講義を続けていたのである。この辺の消息は、ブッシュも報告しているが、私自身もフラー神学校留学中に、当時バルトの許で学んでいたフラーの同窓生の便によって直接聞いている。

バルトは一九四九年以来、東と西の政治的和解について語り続けたが、ソ連からもアメリカからも批判された。またバルトはドイツの再軍備と反共政策を批判し、その結果、ドイツの識者から再批判された。しかしバルトは、神の福音と西側の主張を同一視することに反対していたのに過ぎなかった。神の自由は人間の鎖では繫《つな》げない。しかし一般の人々がこの真理を理解できるはずはなく、バルトは批判の矢面に立たされたのである。このような苦境に陥ったバルトを弁護するかのように、一九五二年一月、英国女王は、自由のために最高の奉仕をした人物として、バルトにメダルを送ったのであった。英国民が最初からバルト贔屓《びいき》であったこともさることながら、ここにも人間の評価を逆転させる神の摂理の業をまざまざとみるのである。

『教会教義学』の途上で

モーツァルトへの共感

一九五六年、バルトは七〇歳になったが、この年はたまたまモーツァルト生誕二百年にも当たっていた。バルトはこの数年間、毎朝起きると、まずモーツァルトの曲を聞くことを習慣としていた。これは、バルトがモーツァルトに深く共感していたからである。両者に共通する主題は、神から贈られた自由、神の自由に根差した自由であった。同年、バルトはパウル＝ティリッヒの記念論文集にモーツァルトについての小論文を寄稿したが、この文章はバルト自身についても語っているのである。

バルトは神学部において、肉体をもたないので純粋に神を証しする天使について講義を続けていた。この事実に呼応するかのように、バルトのこの小論文は、モーツァルトが天使のような存在であり、すべてが曖昧《あいまい》となった現代において、透明な天国の音楽に相応しいモーツァルトの純粋さこそ高く評価されるべきであると語っている。モーツァルトの天才の秘密は、他人の曲を模倣しても、自然とその曲を自己固有の音楽としてしまう自由な独創性にある。彼は同時代の規律にしたがって作曲しながらも自己の独創性を出したが、この自由と規律（必然性）を統合するのが神の自由な客観性であり、神の美しさである。

古プロテスタント正統主義の教会に育ったバッハは、客観的な型の中で神を証しする音楽を作曲した。これは聖書の言葉にしたがって生きることを勧《すす》めた正統神学の精神に呼応する作曲法であり、バッハの音楽は神のメッセージをもっている。反面、ベートーヴェンの音楽には、魂の内面性の告白こそあれ、主観性が強調され過ぎ、福音の客観性を無視した自由神学と共通する一面がある。これに対してモーツァルトは神の導きにしたがって自由に作曲したので、聞く者に決断を強制しない。そして自己の主観性を表現するためでなく芸術に仕えるために作曲したモーツァルトの生涯こそ、神学者が学ぶべきあり方なのである。

モーツァルトは、生前、幸福よりも不幸の多い人生を送った人である。それゆえ彼は不平を言いたいことを山ほどもっていた。しかし彼は不平をいう代わりに、聞く耳をもつ者のために喜びと慰めに満ちた音楽を作曲したのである。これが彼の自由の秘密であり、彼の音楽が聴く者を主観的な狭い殻の中から、自由で広大な神の世界へ連れ出してくれる理由である。しかもこのモーツァルトの自由と同じ自由がバルトの生涯を動かしていたのであった。

刑務所伝道とバルトの立場

同じ一九五六年には、弟子のハインリッヒ＝オットがバーゼル大学の私講師となった。バルトの昔の同僚たちは全員引退してしまったが、バルトは大学で教え続け

ティリッヒ

た。それと並行して、バルトはバーゼルの刑務所でも説教し続けた。十字架上でさえ、犯罪者や囚人を解放する福音を語ったイエス＝キリストの生き方に倣ったのである。

人は老年になると、頭が固くなり、自分の殻の中にこもりがちになる。しかしこれは自分の作った牢獄の中に安住することである。バルトが死ぬまで学び続けて倦《あ》きなかったのは、自己の神学をも含めて、人間によって作られた観念、原理、方法という固定された家に安住することを嫌い、自己をいつも改革することを願ったからである、このバルトの生き方は、つねに自己を変革する神の自由に基づくあり方であるが、ティリッヒがバルト神学の中で最も高く評価した点でもある。

それはともあれ、バルトは自分で作った牢獄の中に住むのを嫌い、旅の途中にいる巡礼者であることを願った。第二部で詳述するように、アンセルムス書や教義学におけるバルトの神が、自分の懐（原歴史）の中に人間を包み込むと同時に、信仰の道を備えて、人間を始発駅から終着駅へ導くという構造をもつのも、このようなバルトの現実の信仰生活の構造と呼応しているのであろう。われわれは信仰（永遠）においては真理の中に包摂されていても、悟性（時間）においては巡礼の旅の途上にある。そして年を取っても若くあり続ける秘訣は学んで倦《う》まないことである。このように精進を続けるバルトに対して、一九五六年、ブダペスト大学は名誉神学博士号を、エディンバラ大学は名誉法学博士号を授与した。

すでに言及したように一九五六年一〇月、ハンガリーで動乱が起こった時、バルトは共産主義に対して寛大であったので、故郷スイスで激しく非難された。バルトは同年、フランクフルト学派のホルクハイマーやアドルノーとも会談しており、当時は左翼陣営に好意をもっていた。この事実に呼応するかにように一九五八年、東ドイツ出身のエバハルト＝ユンゲルがバルトの演習に参加した。ユンゲルは、そののちめきめきと頭角を現し、バルト神学の伝統を堅持する神学者として最も期待される存在となった。

神学的立場の再確認

この頃（一九五八年）からバルトは体力の限界を感ずるようになったが、創造力は枯渇せず、優秀な学生が全世界から集まってきた。この年にバルトはティリッヒについて演習を試み、アンセルムスとカルヴァンを読みなおして、哲学と神学の相関論を主題とするティリッヒ神学の誤りを再認識した。バルトによれば、神学は教会の中に固有の場所をもつ学問であり、文化と宗教、社会と教会、哲学と神学の媒介をその任務とすべきではない。なぜならキリストが世界を照らす中心的な光であるとすれば、哲学はせいぜい周縁の小さな光にすぎないからである。ということは、神学の枠組みを堅持していれば、その枠内では哲学に固有の場所を与えることを妨げるものではないのであろう。

これよりのちの一九六〇年代の神学界は、人の眼によいと映るものは何でも許されるといった混沌の様相を呈してきた。ティリッヒ、ブルトマン、ボンヘッファーは勿論のこと、「神の死」の神学までが流行した。バルトはこのような風潮の中で、自己の神学的立場を再確認しなければならなかった。第二部の「神の認識」の章で詳述するように、神は隠れた神であると同時に、自己を啓示する神である。したがってわれわれは神の客観性を単純に主張できない。神の客観的存在を主張した中世の自然神学はカントによって否定されてしまったのである。ところがバルトは、カントの批判を踏まえた上で、神は主観的だけではなく客観的にも知られると主張する。すなわち近代哲学の主観と客観の対立を超えた根源的な神の恵み（原歴史）の中に包み込まれた上で初めて、われわれは近代哲学の主観性の源泉である根源的主体としての神の客観性を主張できるのである。

前述した牢獄の比喩によって理解されるように、バルトは実在する神を、人間の考案した哲学的枠組みによって処理することはできないと主張する。神の言葉は自己固有の自由をもち、神が先手を取って神と人間の間に関係を創設し、「関係の比論」や「信仰の比論」を形成して、自己を人間に知らせるのである。人間の側からみれば、この事態が、「聖書の中に隠れている神に、われわれが聖書を読むことによって出会う」という言葉によって表現されるのである。

未完の『教義学』と栄光の老年　話は多少、前後するが、晩年のバルトは『教会教義学』完成のために全力投球の毎日を送った。一九五六年に『教会教義学』Ⅳ／2「キリスト論」、一九五九年に『教会教義学』Ⅳ／3「聖霊論」が完成し、一九六四年、八〇歳近くの高齢にも拘らず、「洗礼論」を執筆していた。しかし「終末論」には、まだ着手しておらず、教義学としては未完成であった。

しかしバルトは「完全」が神だけに属し、人間は不完全なものであることを十分に知っていた。それゆえバルトは教義学を完成することができないことを嘆きはしなかった。天国ではわれわれは聖化されて、神の自己認識にあずかり、すべてのことを知ることが許されるからである。「天国で神に会う時は、一一の名誉学位を外套とともに控室に置いて行くのだから」と語るあたり、バルトの茶目っ気がいかにもよく現れている。

それはさておき、『教会教義学』は神学の正しい道を示すのに偉大な貢献をした。現在、われわれはテレヴィジョンやインスタント食品という安易な生活に馴れてしまった。このような世の中で、巨大で難解な『教会教義学』は、たしかに人気を失ってしまった。しかし困難なものが評価され、努力と忍耐が尊ばれる時代が再びくる時、バルトの偉大さは再発見されるであろう。その上、『教会教義学』は福音の解釈と説明であり、福音の真理が現れることは間違いないことなのである。

さて神の恵みの道の真中を歩んで、精進努力を続けてきたバルトを待っていたのは、当然のことながら、最高の栄誉で飾られた老年であった。晩年のバルトはカルヴァンを最も高く評価し、自己の思考の指針をうるために、いつもカルヴァンの『キリスト教綱要』を読んでいた。このようなカルヴァン神学への情熱と貢献を記念して、一九五八年、ジュネーヴ大学はバルトに名誉学位を贈った。ジュネーヴの改革派教会の副牧師となってから、五〇年の歳月が流れており、バルトは感無量であったことであろう。さらに同年一一月、ストラスブール大学からも名誉学位が贈られた。

一九六〇年は、バルトのバーゼル大学勤続二五周年とバーゼル大学創立五百周年が重なり、バルトはまた栄誉を受けた。しかし後継者の問題では苦杯をなめさせられた。バルトが推薦したヘルムート＝ゴルヴィツァーが左翼思想の持ち主であるという理由で、教授就任を拒否されたからである。それゆえバルトはもう一年バーゼルで講義を続けなければならなかった。

しかし一九六二年、ハインリッヒ＝オットがバーゼル大学の教義学教授と決まり、バルトは初めてアメリカを訪問する決心をした。アメリカにおける発言から判断して、バルトを最後まで動かしていた主題が神の自由の恵みであったことがわかる。もし自分がアメリカの神学者であったら、「自由」の神学を書くと、バルトはアメリカで語った。人間を解放するイエスの自由に基づく自由の神学がアメリカに必要であると感じたのであろう。バルトに対して長く批判的であった自由神学の牙城シカゴ大学は、バルトに名誉神学博士号を贈った。

一九六三年、バルトはコペンハーゲンでソニング賞を受けた。これはバルトのキルケゴール研究に対して与えられたものであった。ソニング賞は、キルケゴールの影響下に『ロマ書』を書いて神学界にデビューしたバルトの学問的経歴の終わりを飾るのに相応しい栄誉であった。キルケゴールとバルトはモーツァルトを愛することに関しては同志であったが、その祝賀会でバルトは次のように語った。すなわち神学や哲学に志す者は、一度はキルケゴールを通過しなければならないが、キルケゴールにとどまっていてはならない。著者は、自分の思考の足跡を辿った読者が自分を越えていくことを望んでいるからである。すでに何度も言及したように、著者や著書は、われわれが定住すべき家ではなく、われわれがさらに真理へ近づくための道なのである。バルトは、思想においてキルケゴールを越えて行ったように、デンマーク政府から贈られた賞金を自分の許に貯蓄しておこうとせず、その全額をバーゼルの慈善団体へ寄贈した。

一九六三年一一月、ソルボンヌ大学はバルトに文学博士号を授与

シカゴ大学での講義

した。その席上、ポール＝リクールが讃辞を述べた。同年一二月、パウル＝ティリッヒがバルトを訪問した。これは現代神学の両巨匠にとって最後の会見となった。そして二人は論敵でありながらも友人であることを確認しあったのである。

平穏な晩年と静かな死

一九六四年頃からバルトの体力の衰えが急に目立つようになった。そして教会に出席できなくなると、日曜日にはプロテスタントとカトリックの説教をラジオを通して聞いた。一九六五年から一九六七年にかけて、パウル＝ティリッヒ、エミール＝ブルンナー、フリードリッヒ＝ゴーガルテンという昔の友人たちは次々にこの世を去っていった。キルシバウム女史も身体の自由を失い、入院生活を余儀なくされた。バルトは自分の不自由な身体を押して、時々彼女を見舞ったのである。

一九六七年、八〇歳を越えたバルトはローマへ招待されて、法王やカトリックの神学者カール＝ラーナーと語り合う機会に恵まれた。しかし自然法と良心が啓示の源泉であると考えるカトリック神学とは真向から対立した。そしてプロテスタント神学内部において、バルトは、若手の神学者ユンゲルに最も期待し、カルヴァンの『キリスト教綱要』第三部「聖霊論」を最も高く評価していた。その上、教会のリバイバルに強い関心をもつようになった。キリスト教の神は常に自己を越えてゆく神であるが、その神に相応しいように、神の体である教会もいつも新しくされなければならない。

いつも新しくされていない教会は教会ではない。

一九六八年八月、ソ連軍はプラハに進軍した。同年一二月九日の夜、執筆中のバルトに、エトワルト゠トゥルナイゼンが電話をかけてきた。二人は暗い世の中について語りあった。落ち込みがちな旧友に、バルトはキリストの勝利を信ずるようにと語った。

その夜、バルトは静かに、ただ一人で眠るように主の許に召された。翌朝、バルトを起こそうと、いつものようにモーツァルトのレコードをかけに来た妻ネリーが彼の死を発見した。バルトの両手は夕べの祈りの時のままに組まれていた。

II バルトの思想――『教会教義学』

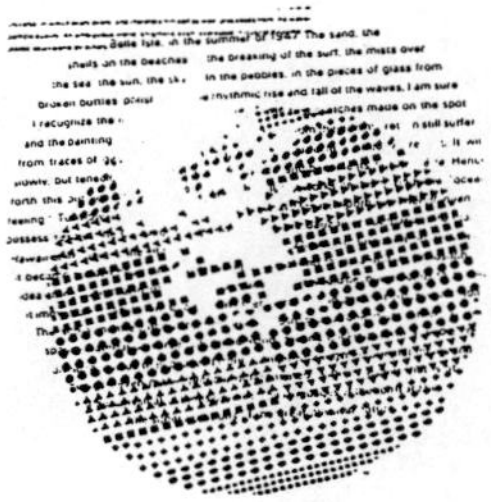

歴史と神学

バルト神学と歴史

第一部においてわれわれはバルトの生涯を跡づけて来たが、その波瀾に富んだ一生は、ただ福音の真理を擁護するという彼の生き方の現れに過ぎなかった。人間の側からみれば、バルトの生涯は波瀾万丈の一生であったが、神の側からみれば、その大きく揺れ動いた一生は神の意志の実現という一本の線によって貫かれていたのである。まさにバルトの生涯は、その晩年、彼が好んで語った「人々の混乱と神の摂理」という言葉を地で行くものであった。

しかもバルト神学の中心思想である「神の選び」つまり予定論には、宿命論という暗さはない。むしろその予定論は、バルトが愛したモーツアルトの明るい音楽のように喜びに溢れ、神の恵みの自由と勝利をその主題とする。そしてこの神の自由こそ、悪の力を打ち砕く神の歴史の原型であり、またユーモアに溢れたバルトの生涯の原型であった。

さて、イエス＝キリストは、神の命令に忠実にしたがって神の意志をこの世に実現したので、その生涯こそ神の召命に応答する人間の生き方の原型であり、世界史を根源的な意味で決定する。このキリストによって実現された神の予定、つまりキリストの受肉と十字架上の死と復活と再臨が根源的な意味でのキリストの出来事であり、原歴史である。そしてこのキリストの出来事の中に巻き込まれて救済された人間の生き方が第二次的な意味でのキリストの出来事であり、両者の間に展開される歴史がバルト神学の主題である。したがってバルト神学は、神の恵みの出来事の中に包摂された人間が神の呼びかけに応答することによって形成される歴史を主題とし、この歴史が原歴史、キリストの出来事である。それゆえバルト神学はキリスト論的神学、出来事の神学、救済史の神学と呼ばれるのである。

換言すれば、バルト個人の生涯もわれわれの歴史も、神の恵みの選びを抜きにしては語れない。また逆に、この神の恵みの選びに忠実に応答するわれわれの祈りと努力を抜きにしては、われわれは真に意味のある生涯と歴史を形成することはできない。とすると、われわれが真に意味のある歴史を形成することと、神の恵みの中に包摂されたわれわれと神の間に展開される歴史を叙述するバルト神学は、同一の構造をもつことが明白になるのである。

バルト神学の本質

さて、ブッシュがその『カール＝バルトの生涯』で報告しているように、バルトは思いに勝る祝福が自分に与えられていることを通して、神が実在していることを確信したのであった。しかも神の恵みは彼自身とは異なる性格をもち、彼の日頃の生き方とは対立する形式で彼に迫って来たのである。なぜならバルト個人は、一寸先は暗闇という息が詰まりそうな状態の中に生きており、神の恵みを抜きにしては、自分を駆り立てる原動力を考えることはできなかったからである。

バルトは、いつも新しい問題や事件に巻き込まれていたが、別に自分の方から新しいことを始めようとしたのではなかった。バルトの生涯におけるこの事実は、真に画期的な歴史的出来事は、人間の力だけによるのではなく、神の介入によって形成されるという事実を如実に物語る。バルトは、次々に起こる困難な問題を解決するために最善を尽くしただけであり、彼の著作は彼が巻き込まれた論争や事件に対して彼が応答することによって産出されたのである。この事態は、アウグスティヌスやカルヴァンという偉大な神学者の場合も全く同じであった。しかもバルトは自己の解答をキリストの出来事から導き出したのであり、その解答は人間固有の能力（本質）を超越する神の出来事の性格を担っていたのである。

それゆえバルトは自分の方から計画を立てて、組織的に神学を構築したのではなかった。ここにバルト神学が、人間の主観的理性に基づいて体系を形成する近代主義の組織神学と根本的に異なる点が明らかになる。またバルト神学が、人間の応答を抜きにして一方的に神の永遠の計画（予定）という視座から聖書の内容を体系化した古プロテスタント教会の組織神学と異なる点も明らかになる。バルト神学は、両者を止揚する神学であり、キリストの出来事（原歴史）の中に包摂されて、生き方を変えられた人間と神の間に展開される交渉と契約の歴史を叙述することを本質とする。ここにモーツアルトの生涯と音楽と同様に、バルトの生涯と学問、バルトの神学・倫理学・美学が同一の構造をもつことが明らかになるのである。

神学の主題としての神の歴史

バルト神学は、その形成期当初から、弁証法神学、神の言葉の神学、キリスト論的神学と呼ばれて来た。しかし後期バルトは、神と人間の間に展開される具体的な歴史を自己の神学の主題とする。しかも神の歴史は、神と人間の間に展開される弁証法的運動を包摂し、また後述するように神の歴史は神の言葉と同一の構造をもつ。それゆえ神の歴史は、初期においては明確に自覚されていなかったとはいえ、バルト神学の最も根源的な主題である。キリストの出来事、すなわち神と人間の間に展開される救済史、そして救済史の存在根拠でありながらも救済史と同一性を保持するとも解釈される三位一体の神の歴史が実在の核心であり、バルト神学の芯《しん》なのである。

モーツァルト

古来、キリスト教は歴史の宗教といわれ、自然の事物を崇拝する原始的な自然宗教とは異なると理解されて来た。神はイスラエルの歴史の中に自己を啓示し、イスラエルの民を導く。これが救済史であり、この救済史の存在根拠が、救済史と同一性を保持すると同時に救済史を超越すると解釈される神の予定（選び）である。バルトが救済史（この世の歴史）を超越する神（の予定）を歴史の存在根拠であると理解する限り、バルト神学は、プラトン哲学に依拠するアウグスティヌス神学と共通する局面をもつ。

しかしバルトの神は、自己をキリストの出来事において啓示すると同時に、プラトンのイデア界を超えて、さらに深く神秘の中に自己を隠す。それゆえ神秘の中に自己を隠す神の予定は、キリストの出来事によってしか認識することができないことになる。とすると、イデア（神）が真実在であり、事物はイデア（本質）に参与することによってのみ存在することができるというプラトン哲学の枠組みの中にバルト神学を包摂することは不可能であることが明白になる。かえって、本質と存在という枠組みをもつプラトンの世界は、実は神秘の中に自己を隠しながらもキリストの出来事と同一性を保持する神によって支えられていることが理解されるのである。

したがってバルト神学は形而上学とは関係なく、歴史の中に生起したキリストの出来事に基づく神学であると主張されたのである。とすると、バルト神学は、アリストテレスの形而上学に基づくスコラ神学から解放されて、聖書だけに集中する宗教改革者の神学と共通する一局面をもつわけである。この宗教改革者の聖書主義と、後述するカントの形而上学批判が結合すると、神学は眼にみえない天上の神とは関係なく、地上における教会史の研究に徹すべきであるという近代神学の歴史主義の立場が確立されるのである。

近代の歴史主義は、近代の自然科学を模範とし、形而上学を拒否し、実証主義に徹する。この視座からみると、歴史を超越する神の計画によって歴史が形成されると主張する古典神学の立場は単なる独断論であり、実証的な近代史学者を説得することはできない。逆に実際に生起したキリストの出来事が使徒たちの宣教活動の原動力となり、キリスト教会形成の原因となったと見る方が、より大きな説得力をもつ。この意味でバルトのキリスト論的神学は、近代史学の要求にも答えているわけである。われわれはイスラエルの歴史の過程の中に生起したキリストの出来事を通してだけ、神を理解することができる。神秘の中に自己を隠している神はキリストの出来事と同一性を保持するからである。ところが「使徒の働き」一七章二八節によれば、隠れている神は、実は、自己の懐（原歴史）の中に世界史の全過程を包摂する存在である。したがって神の存在とは、歴史の全過程を自己の中に包み込むと同時に、歴史の過程の中に生起するキリストの降誕・復活・臨在・再臨という出来事と同一性を保持するのである。

神の歴史と予定論

もともと神の存在（予定）と救済史の間には、同一性と差異性という緊張関係が存在するので、救済史は、神の予定との緊張関係において理解されるべきなのである。ところが近代神学の歴史主義は、前述したように眼に見えない神の存在と予定を切り捨て、救済史をイスラエル宗教史と教会史という形で、客観的な学問研究の対象領域としたのである。しかし客観的学問は中立的態度を取ることを要求するので、近代神学は、信仰を抜きにした実証的な学問研究に徹せざるを得なかったのである。それゆえ近代神学は、キリスト教の歴史については論ずることはできるが、キリストを信じ救済史の形成に参与することは等閑視《とうかんし》するという結果をもたらしたのである。

反面、バルトにとって問題となる歴史は、科学的研究の対象領域としての歴史ではなく、この対象領域としての歴史自体を創り出す根源的出来事である。われわれはキリストの召命に応答することによりわれわれの生き方を変えられて初めて、福音の真の力を知ることを許され、救済史の形成に参与する。つまりバルトの歴史は、神の恵み(原歴史)の中に包み込まれたわれわれが、神の呼びかけに応答することによって形成する歴史である。これが教会史を創り出す根源的歴史であり、神の予定、神の選びである。それゆえ神の予定自体が、神の恵みの枠組みの中で、神の召命と人間の応答の間に展開される歴史なのである。この意味で、バルトの予定論は、神の計画に基づいて、人間の運命を決定するという枠組みをもつ古典神学の予定論を根本的に解体する新しい予定論なのである。

この事実に呼応してバルトの神の歴史は、神の理法と同一視された近代科学の法則によって支配された近代の世界像の枠組みそのものを解体して、全く新しい世界を創り出す根源的出来事である。さらにこの新しい世界の存在論的構造に呼応して認識論においても、バルトは、神の啓示に応答し、神の働きに参与し、神の歴史をこの世に実現する限りにおいて、われわれは神について知ることができると主張する。この意味で、バルトの認識論は、傍観者の立場を取る近代史学の認識論とは対立し、認識の主体と客体の相対論を本質とする現代物理学の認識論と呼応する面をもつのである。

契約の神と救済史

元来、イスラエルの民は、その契約の神と地縁=血縁によって直接に結ばれていたのではない。同様に、バルトの神も人間に内在的ではなく、その神の予定は人間の思いを遙かに超える。したがって人間は生得の理性や本質によって、この神を直接に捉えることはできない。これが古典的な自然神学とバルト神学が相容れない理由である。

人間の側からみれば、契約の神は愛と自由の行為によって、いわば偶然にアブラハムを選び、彼に語りかけたのである。この神の選びに応答して、アブラハムは地縁=血縁によって結ばれた故郷を離れ、この世的に頼れるものの絆《きずな》を全部断ち切って、独り旅に出たのである。虚空の中を遍歴するアブラハムにとって、ただ神の契約の虹だけが心身の支え、存在の根拠であった。

選民アブラハムの子孫は、モーセの指導下にエジプトを脱出し、シナイ山麓で神と契約を結んだ。しかしイスラエルの民は神に叛逆したため、四〇年間、荒野を放浪する結果を招くが、やがて約束の地カナンを占領して、ダビデの下に王国を建設した。こうしてイスラエルになされた神の契約は成就したのである。ところがイスラエルの民は、再び契約の神を忘れ、地縁=血縁によって結ばれた農耕神へ走ったので、その罰として彼らはバビロンに捕囚となったのである。しかし契約の神へ立ち帰ることを勧めた預言者たちの働きを通して再び神との交わりに入れられたイスラエルの民は、神の恵みによって故郷エルサレムに「帰郷」し、契約の神の神殿を再建したのであった。

契約の神とイスラエルの民の間に展開された歴史は、人間の側からみれば、赤の他人であった両者が偶然出会い、新たに父と子の契約を結んだことから出発する。したがって父と子という直接的＝必然的な関係が、間接的＝偶然的に結ばれた契約の出来事、罪の悔い改めと再生に基づく養子縁組によって支えられているのである。実にキリスト教は、神と人間の自由な決断によって形成された必然性、つまり根源的出来事を本質とするのである。この事態を人間の側からみれば、回心と再生の出来事によって、契約の神は父として、またエルサレムは故郷として確立されたのである。

換言すれば、神の契約の虹は、偶然に与えられた神の恵み（原歴史）の中に包み込まれたわれわれが、神の呼びかけに応答することによって形成される歴史である。虚空の中に架けられた契約の虹の橋は、偶然に与えられた神の恵みに対して偶然に生起するわれわれの信仰の有無によって、現れたり消えたりする。したがって信仰の薄い者にとっては、信仰とは、虚空の中でいつ消えるかわからない虹の橋の上を歩いているようなものである。われわれは、神の恵みに応えて霊的な高みに生きることに耐えられず、自然の生き方に転落する危険にいつも曝されているのである。この事実については、イスラエルの歴史は勿論のこと、教会の歴史と神学の歴史が如実に物語っている。

プラトン哲学との差異

さて、古典神学に決定的な影響を及ぼしたプラトン哲学は、天国へ帰郷することを主題とし、イスラエルの預言者が勧めた「神へ帰る」主題と共通の関心を分け合う。しかしプラトンにとっては、元来、天国を故郷とする魂が地上に転落して肉体の中に閉じ込められたので、人間の生得の魂は自己と同質の天上の神を直観することができたのである。

したがって両者の差異は次のように説明される。すなわち、プラトンの帰郷は、転落した人間がなお保持している「あるべき姿」、つまり理性的本質に基づく。この理性が古典神学の「神の像《すがた》」であり、人間の堕落によっても破壊されず、人間固有の本質として存在し、自然神学の根拠となったのである。これに対してバルトは、神と人間を結合する自然の絆を全部失った人間について語る。われわれはもはや神の像である「あるべき姿」を自己固有の本質としてもっていない。ただキリストによる和解の出来事が生起して、われわれが再び神の呼びかけに応答する人間に創り変えられた上で、初めて神について語ることが許される。それゆえバルトは古典的な自然神学を否定するのである。

プラトン

しかしバルトが特殊な事情の下に生起したキリストとの出会いを通して締結された契約に基づいて、神と人間の関係を考えるとすれば、バルトは神学を学問として成立させる普遍性と必然性をどこに求めるのであろうか。出会いと契約の出来事は神がわれわれとともにいること(インマヌエル)であるから、バルトにとって「我と汝の交わり」が人間の故郷、歴史の根拠となるわけである。とすれば、交わりと出会いはどのような必然性と普遍性を主張できるのであろうか。

バルトは、この世において偶然に生起する「出会い」と「交わり」の存在根拠を、永遠に存在する三位一体の神の中に展開される「出会い」と「交わり」であると理解する。神はイエス＝キリストとして人間の間に住んだ。このキリストによって確立された出会いと交わりと歴史の存在根拠は、実は、三位一体の神の中で展開される出会いと交わりと歴史なのである。それゆえキリストの出来事と三位一体の神の出来事の両者が根源的出来事であり、歴史の存在根拠なのである。

バルトは『教会教義学』の第一巻「神学序論」を三位一体論で始める。これは、バルト神学の顕著な特徴の一つである。古プロテスタント神学は、教義学を神の存在から始め、神の本質と属性を論じた後で、三位一体の神について論ずる。反面、近代神学は、人間を中心に据える近代科学の伝統にしたがって、神認識の可能性を神学序論の主題とする。したがって理性と信仰の問題が神学序論の中心となり、三位一体の神は教義学の終結部で論じられたのである。古典神学と近代神学に対して、バルトが三位一体の神を神学序論において論ずるのは、バルトの神が異教の神と異なる神であることを強調するためなのである。

逆転の歴史

異質の文化の総合

すでに言及したように、キリスト教とプラトン哲学は、もともと異質の枠組みをもつ。ところがキリスト教神学は、このような枠組みの相違にも拘らず、キリスト教の真理をプラトン哲学によって理解しようとしたのである。それゆえキリスト教神学は、その成立当初から、異質の文化（思考）との共存によって生ずる緊張を内に孕んでいたのである。キリスト教神学の歴史は逆転の歴史として語られるが、その論理的根拠はここに見出されるのである。

さて、この世の事物は、はかなく消え去って行くのに対して、天空の星座は永遠不変に存在する。プラトン哲学は、このような世界観に哲学的基礎を与えようとしたので、当然、地上にあるものは天上のイデアに参与する限りにおいて存在し、また意味があると考えたのである。つまり地上にあるものの実体と意味は天上のイデア（神）であり、時は永遠の影であると考えられたのである。

一方、不慮の災害によって脅かされながら放浪の旅を続けていたイスラエルの民が、不変なもの、永遠なもの、確実なものを求めたのは当然なことである。それが歴史の目的として約束された神の国であった。ところがキリスト教は、プラトン哲学の影響により、歴史を超越する永遠の神が救いを地上において実現すると考えたので、地上の救済史は天上の神の永遠の計画を例証すると理解したのである。

既述のようにプラトン哲学は、人間の理性は神的な性格をもち、人間の魂は神と直接に結合していると理解した。他方、聖書は、人間は「神の像」に創造されたと主張するので、古典神学はプラトン哲学の理性と聖書の神の像を同一視したのである。とすれば、すべてを逆転して、理性が直接認識した神を、聖書は例証していると解釈することも可能になるわけである。事実、ニーチェは、キリスト教はプラトン哲学を通俗化したものであると極言したのである。

ところがバルトは、プラトンの伝統に立つと考えられてきたアンセルムスを、神の啓示の視座から再解釈することによって、自己の神学的立場を確立したのである。バルトは、こうしてプラトンから始まりニーチェで終わる形而上学の立場とは異なる視座から、自己の神学を形成したのである。

神から人間に

それはともあれ、眼に見えない神とプラトンのイデアが実在すると信ずることのできた間は、平穏な日々が続いた。しかし中世末期から近世にかけて、人間が自我を中心に思考し始めると、プラトン的な二世界の関係は逆転する。確実な世界は、もはや天上のイデア界ではなく、思考する自我となる。とすると、神とイデアは実体を伴わない名称だけとなり、次章で論ずるように、神の存在論的証明は空虚となる。その上、人間の主観的理性が罪によって歪められ、正しく機能せず、恣意《しい》的になると、人間の理性が神の像であると主張することも不可能となる。それゆえ神を知るには、聖書による以外に方法はなく、宗教改革者の聖書原理が神学の形式的規範として確立されるのである。バルトのアンセルムス解釈は、改革者の聖書原理に基づいて、古典的な神存在の証明を解体し、再構成したところに特徴がある。

しかし宗教改革者たちは、聖書原理を主張する一方、プラトン的な二世界論を自己の神学の枠組みとして保持していたのである。同様にバルトも、自己の神学は聖書だけに基づき、プラトン的な天と地、本質と存在、精神と肉体という枠組みとは関係ないと公言しながらも、プラトン的な二世界論を自己の思考の背景に保持している。このように神の啓示とプラトンの二世界論の両方を保持することは、キリスト論と三位一体論を自己の神学の出発点として堅持する両極性の立場をバルトが取ることに呼応し、健全な神学を構築するためには不可欠なことであろう。ボンヘッファーは、バルト神学を「啓示を積極的に肯定するポジティヴィズム」と批判したが、彼はバルト神学の中にあるこの二重構造を見落としたのである。

さて、近代の合理主義は、生活の重心を徐々に神から人間へ移行させて行った。それに呼応して、文化は神によって賦与されたと信じた古典的な思考は逆転され、自然を自分のために利用する人間の勝利が確認されたのである。これが現代の世俗社会への第一歩であるとともに、福音の世俗化への第一歩でもあった。このように人間を中心に据えて考える社会の中で、一九世紀の自由神学は、キリスト教を人間の文化の一翼を担う構成要素として理解したのであった。元来、キリスト教は人間を超越する神を信ずる。それゆえ自由神学といえども、キリスト教の本質を神と人間の関係として捉える。しかし自由神学は、神の超越性に眼を覆い、人間の理想や歴史の目的という形で、神を人間の歴史の中に内在化させたのであった。このような枠組みの中で真の神を捉えることができないのは当然なことである。したがって、バルトは自由神学が理解するような宗教を無信仰と同一視したのである。

「神の姿」と「悪魔の姿」

一九世紀の科学精神は、人間を裁判官の席に据え、その法廷で既成の権威を裁いた。特に一九世紀の文献学は、古典的な文献の真正性を問い、真贋《しんがん》の区別をした。例えば、創世記、出エジプト記、レビ記、民数記、申命記というモーセ五書は、モーセによって書かれたと伝えられて来た。しかしモーセ五書は本当にモーセによって書かれたのか、それともイスラエルの民が保持していた諸伝承が結集されて現在の聖書になったのかという形で、問いが出されたのである。これが高等批評学の問題である。

とすると、神の霊感によって書かれた無謬の書物であると信じられて来た聖書も、実は人間の諸伝承が結集されたものであり、誤謬を含む可能性もでてくるわけである。その結果、聖書の真の著者を神から人間へ逆転させ、聖書を、神によって霊感された無謬の書から、誤謬を含む人間の書物

フォイエルバッハ

へと逆転させることが、学問の前提となったのである。バルトが神学研究を始めた時、スイスのベルン大学で触れた自由神学はこの型の聖書批評学であった。

しかし聖書批評学は、教会の信仰を全く破壊したのではなかった。たしかに聖書は人間によって書かれ、誤りを含むかも知れない。しかし聖書が神を証しするイエスについて語る限り、聖書の権威は少しも損われなかったからである。そしてこの「史的イエス」の人格と教えが近代神学の拠り所となったのである。

事実、自由神学の泰斗《たいと》ハルナックは、新カント派の理想主義に基づいて、史的イエスの中に、人間の「あるべき姿」（神の像）を見たのである。しかし同じ枠組みの中で、人間は自分の「あるべき姿」（本質）に基づいて、神について想像すると考えることも可能になる。周知のように、フォイエルバッハは、神と人間の関係を逆転させ、神は人間の願望を投射したものであると主張し、無神論が現代社会の特徴となる糸口を開いたのである。

特に一九世紀後半になって資本主義社会の歪みが明白になると、罪によって歪められた人間と、独占資本によって歪められた無産者が、自己疎外という同一の構造をもつ事実がマルクスによって指摘された。とすれば、自己の本質（あるべき姿）から堕ちて、自己疎外に陥っている人間にとって、下部構造である経済の問題を解決しないで、上部構造である罪の問題だけを論ずるのは、片手落ちになるわけである。バルトがスイスで牧師をしていた時、労働運動に好意的であったのは、福音が福音である限り、社会問題をも解決すべきであると確信したからである。

それはさておき、ニーチェは「力への意志」が倫理や宗教という社会の表層構造を決定する深層構造であると主張した。ニーチェは、盲目の意志（我欲）が世界を織りなすと説いたショーペンハウアーの思想を深め、キリスト教とは、貧しく無力の者が才能豊かな者に対して自分たちの「力への意志」を実現するために作り出したものであると主張したのである。したがって宗教は、暗い無気味な悪魔の力が、美しい仮面の下に、自己の欲望を達成しようと試みているという形で説明されたのである。とすると、人間の「あるべき姿」（本質）が人間の存在を決定しているのではなく、人間を実際に動かしているのは、意識の深層に巣喰っている「悪魔の姿」をもった利己的な欲動であると説明されるのである。この利己的な欲動が恥ずるところなく公然と承認されているのが現代社会の特徴である。そして自由神学と理想主義の哲学は、この悪魔的で利己的な欲動の前では全く無力となってしまったのである。

本質主義と根源的立場

換言すると、ハルナックは人間の理想的な姿（本質）にのみ眼をとめ、人間は神と直接に結合しており、キリストの生涯はこの事実の最高の例証であると考えたのである。これに対してバルトは、本質と存在（実存）の対応という枠組みが罪によって崩壊した事実を前提とし、この罪の世界において再び神の呼びかけに応答する人間を創り出すキリストの和解の出来事に基づいて、人間と世界を理解する。それゆえバルトはまず本質の立場から存在を理解する古典神学の一般恩寵と自然神学、また自由神学の理想主義に別れを告げる。次にバルトは、罪人を救うキリストの行為が神の呼びかけに応答する人間を創り出す根源的出来事であると理解し、このキリストの出来事の中にだけ神の臨在を見るのである。

したがって、本質と存在の対応という古典的な枠組みを依然として保持し、神に対する責任性を人間固有の本質構造であると主張するブルンナーとバルトの間に、自然神学論争が行われたのは当然なことであった。また次章で論ずるように、キリストの啓示と救いという根源的出来事が、バルトの神の存在証明の根拠となったのであり、この点でもバルトは、神の本質から存在を導出する古典的神の存在論的証明を解体し、啓示の論理に基づいて、神の存在証明を再構成するのである。

それはともあれ、原罪を強調した初期バルトと人間の歪んだ姿に焦点を合わせた実存哲学が、共通する面をもつ事実は否定できない。さらに神による人間の救い（超越）を説くバルト神学と実存の自己超越を主張する実存哲学が共通の局面をもつことも否定できない。これが初期のバルトとブルトマンやゴーガルテンを結びつけた理由である。またバルトの『ロマ書』が爆発的な成功をおさめたのも、このような思想史における逆転の事実に呼応していたからである。ただバルトが、救済の出来事の視座から罪人の実存的状況を考察したのに対して、ブルトマンは人間の実存的決断を強調したので、後期バルトはブルトマンに対して距離を置くようになったのである。バルトによれば、実存主義は実存の自己超越について語るが、なお人間の限界を突破することはできず、内在主義に落ちつくのである。それに対してバルトの和解の出来事は、人間の外側から人間に対して生起する出来事であり、本質主義と実存主義の対立を超えて、さらに根源的な立場から人間を理解するわけである。またドイツ民族の地縁=血縁を強調するゴーガルテンに対してバルトは断固として反対したが、これはバルトがキリスト教を「神と人間の出会い」に基づいて理解するからである。神と人間を結ぶ絆は、地縁=血縁ではなく、人間の外側から人間に対して生起するキリストの出来事に基づく人間の悔い改めと信仰なのである。

話は脇にそれたが、自由神学の立場は全く空虚になったのではない。晩年のバルトは、キリスト者の生活に関しては、自由神学の貢献を高く評価していた。キリストによって救われ、聖霊によって潔められた人間が、神の恵みに応答するという根源的な枠組みの中で、バルトは自由神学の理想主義を再評価したのである。これは、神と人間の間に質的区別を前提とした上で、両者の呼応を再び確立することである。そしてこれが後述する「信仰の比論」「関係の比論」の本質であることは言うまでもない。

真の歴史研究とは

さらに別の視座からバルト神学と近代神学の歴史主義を比較すると、両者の相違は次の通りである。すなわち、近代科学が問題とした領域は、現実の生活においては、人間の生命の安全が保証された領域、学問的には法則による支配が確立された領域である。この領域において、科学者が自己の発見した法則の素晴しさに感動して、その神秘の源泉を神に求める限り、世界は神に対して開かれている。ところがこの枠組みの中で、世界の出来事はこの踏み固められた領域の中で通用する法則にしたがってのみ生起すると理解するのが近代の歴史主義である。

それゆえ近代史学は、学問的に確立された領域の外側から神が介入してくる事実を承認せず、人間の知識の確かさをすべての知識の基準とする。しかしこのような世界に閉じこもる限り、われわれは激動する世界の動きに対処できず、またわれわれの存在の根底に巣喰っている悪の力を阻止することもできない。反面、バルトは、神が救済史を形成する領域、つまり人間と歴史のフロンティアを主題としたのである。このフロンティアで真の意味での歴史の形成に参与する人間は、いつも自己存亡の危機に曝《さら》されているので、自己の能力の限界を十分に弁《わきま》えている。そしてこのような経験をする者だけが、人間を超越する神が歴史を形成する事実を知っているのである。

それゆえバルトにとって、歴史を「批判」(Kritik)することは、人間が歴史の資料を区別し(κρίνω)、歴史を裁くのではなく、神が堕落した人間を裁くことに関わる。この神の批判(裁き)を通して、危機に曝された人間は、自分の生き方を変えられて、神との正しい関係を再発見する。こうして神との正しい関係の中に入れられた人間が初めて、近代史学の歴史的=批評的方法を使用して、歴史資料を分析することを許されるのである。したがって歴史研究とは、過去の歴史を再構成することだけに関わるのではない。真の意味の歴史研究とは、真の意味の歴史を形成した過去の画期的な出来事との対話を通して、自己の生き方を変えられて、真に実在する歴史を形成することを目的とすべきなのである。とすると、歴史の主体は、人間から再び神へ逆転されるのである。

「見る」哲学と「聞く」神学

以上、われわれは罪によって破壊された神と人間の正しい関係が、人間の理性によってではなく、キリストの和解の出来事によって再建される事実を明らかにした。したがって神学を学問として成立させる内的必然性は、啓示とキリストの出来事であり、人間の理性は神学の外的必然性にすぎない。そして神学が学問として成立する条件は、神学の内的必然性であるキリストの出来事の中に、神学の外的必然性である理性が包摂されて、キリストの出来事(内的必然性)に理性(外的必然性)が呼応することである。これが、バルトのアンセルムス研究が開示した真理であり、神によって罪を裁かれた者だけが批評的方法によって聖書を分析することが許される事実に対応するわけである。

神学は、神と人間の正しい関係を再建することを主題とするので、神学を学問として再建するのは、人間の主観的な理性ではなく、キリストの出来事なのである。神と人間、永遠と時間、恵みと裁きの対立は、ヘーゲルのように瞑想《めいそう》する人間の思弁によって統合されるのではなく、救済史を形成するキリストの出来事によって統合されるのである。この事実は、人間の側からみれば、神の啓示の言葉に聴く以外に神学の方法がないことを意味する。

古来、哲学は「見る」ことを本質とする。プラトンはイデアを見ることを哲学の任務とし、アリストテレスはその『形而上学』の冒頭において、「見る」ことが哲学の始めであると語っている。これは、自我を中心に据えて、他者を見る立場である。デカルトの『省察』とヘーゲルの『論理学』も眼を閉じて、自己の内面を「見る」（観想する）ことを本質とする。ここでは、学問の確実さは、「見る」人間の確かさに依存するのである。

ところがフロンティアにおける人間は、自分の力によって問題を解決できないことを十分に自覚している。それゆえ彼らは問題を解決してくれるキリストの出来事を証しする神の言葉を喜んで聞く。これがバルト神学の根《ルーツ》である。しかし神学が学問として成立するためには、神の言葉（啓示と信仰）の確かさと理性の確かさを結ぶ道、フロンティアの領域と踏み固められた領域を結ぶ道が開通されなければならない。これは神の言葉に人間の理性が呼応する道を確立し、開通することであるが、この道（方法）自体が神の啓示の出来事によって確立されることが、神学成立の条件となるのである。そしてこの神学方法論を確立したのが、次章で考察するバルトのアンセルムス研究である。

神の言葉

根源的世界　デカルトは、その『方法叙説』において「我思う。ゆえに我あり」という形で、近代主観主義哲学の旗印を明示した。同様に、バルトもそのアンセルムスの『プロスロギオン』研究において、「知解を求める信仰」という形で、自己の神学の根本的立場を明らかにしたのである。

バルトは、まず世界の創造主である神が存在することを当然のこととして前提した正統神学の立場と、人間の本質は神を指示すると主張する自由神学の立場が、人間の罪によって崩壊した事実を前提する。なぜなら人間の罪によって歪曲された世界は、もはや神の作品とは言えず、その創造主を指示しないし、また自己中心になった人間は神の存在を否定するからである。次にバルトは、罪によって破壊された神と世界の正しい関係、神と人間の正しい関係は、キリストの出来事つまり神の啓示と救いの出来事によって再建されると主張する。とすると、神の啓示と救いの出来事は、神学成立の内的必然性、根源的立場となるわけである。

詳言すると、神の啓示の出来事が、神と世界、また神と人間の正しい関係を再建するとみることは、救いの出来事と救済史の枠組みの中で自然と世界史を理解することである。他方、正統神学はまず自然（創造）を前提し、その枠組みの中で世界史と救済史を考察する。正統神学は、神がまず世界を創造し、その創造の枠組みの中で人間の堕落と救済の歴史が展開すると理解するのである。したがって正統神学とバルト神学の間では、自然と救済史、創造論と救済論、創造主と救済主の関係が逆転するわけである。

さて、神、自然、人間の関係を、三重の同心円で表現すると、正統神学はこの三者の関係を次のように理解する。すなわち正統神学は、自然（創造）を根源的世界とみるので、当然、啓示（聖書）を抜きにして、人間（最内核）は自然（内核）に基づいて、創造主である神（外核）について語ることができる。これが自然神学であり、その核心が神の存在証明である。他方、バルトにとって、根源的世界は啓示と救済の出来事であるから、バルトは救済の枠組みの中でのみ、神と世界の関係を正しく語ることができるのである。

古典的神の存在証明

最盛期までの中世神学は、プラトンの二世界論に基づいて、天上のイデアの領域が真実在の世界であり、地上の事物はイデアに参与することによってか、あるいは神に創造されることによって存在すると考えた。それゆえこの世の事物は生生流転し、消滅するが、イデアは永遠不変の真実在であり、神は必ず存在すると考えたのである。

さらに、この世(感性界)の事物については、実際に存在しないものを存在すると想像することも可能であり、存在と概念(思考)は直接的な同一性を保持しない。しかしイデア界(叡智界《えいち》)においては、イデアや神が存在しないことはありえないので、神の概念と神の存在は直接的な同一性を保持する。これが古典神学における神の存在論的証明の核心であった。

次に、神が世界を創造したとすれば、当然、神と世界の間に因果関係が成立する。事実、この世界は合理的法則によって支配されており、この意味で、この世界には神による創造の痕跡《こんせき》が残されている。とすれば、われわれは宇宙の始源を神にまで遡行することができるわけである。これがトマスの神の宇宙論的証明の核心であった。

さて神の存在論的証明の場合は、この世の事物が存在する根拠と、この世の事物を認識する根拠は、ともにイデア(神)であった。ところが神の宇宙論的証明においては、この世の事物の存在根拠は神であるが、神を認識する根拠はこの世における事物(神の痕跡)である。この差異は、われわれが神中心の生活から人間中心の生活へ半分移行した事実を物語る。

第三に、世界史が究極の目的へ向かって進んでいるとすれば、その終着点を神の国と考えるのは当然なことである。そして神の目的論的証明はこの枠組みの中で理解される。カントは歴史の目的は自由を実現することであると考えたので、神の目的論的証明を特に重視したのである。

さてバルトの神の存在証明は、神の啓示の出来事を通して、神が人間を自己の懐(原歴史)の中に包み込み、神の懐の中に信仰の道を備えて、信仰から始めて実在する神を認識するまで、人間を導くという構造をもつので、構造論的には神の存在論的証明の中に神の目的論的証明を包み込むわけである。

神の存在証明の崩壊

それはさておき、これら古典的神の存在証明は、世界が神を指示するという理想的な姿（本質構造）において捉えられた時に限り、意味があり有効であった。ところがヴォルテールの『カンディド』に見られるように偶然性が支配する世界、また聖書が示すように罪によって本質構造が歪められた世界、悪がはびこる世界は、神を指示しない。それゆえ「あるべき姿」（本質構造）を失った世界では、神の宇宙論的証明と目的論的証明は空虚となり、意味を失う。さらに平均的現代人は、感覚的世界だけを実在する世界であると考えるので、プラトン的な叡智界（イデアの世界）は実在性を喪失し、単なる可想《かそう》界に転落し、空虚となる。したがって現代では、神の存在論的証明は意味を失い空虚となったのである。

ここで、神の存在論的証明について詳論すると、中世神学は、神は存在論的理性（イデア）に基づいて、自然には合理的構造（法則）を賦与《ふよ》し、人間には認識論的理性を賦与したと考えた。したがって世界が存在する根拠と、人間が世界の事物を認識する根拠は、共に存在論的理性（イデア）であった。ところが、近代哲学は、神の存在論的理性（イデア）を抜きにして、人間の思考（主観）と対象

（客観）という枠組みの中で、世界について考えたのである。それゆえ世界の事物（対象）と人間の観念（思考）の呼応を可能にした神の存在論的理性（イデア）は実在性を失い、空虚となり、人間の思考の中に内在化されて、単なる観念（アイディア）に転落したのである。つまり神は他の事物との「存在論的区別」「質的区別」を失い、他の事物と同じあり方で存在すると考えられたのである。したがって、人間が抱く神の概念と実在する神は同一性を失い、神の概念は空虚な観念に転落したのである。これがアンセルムスの論敵ガウニロとカントが神の存在論的証明を批判した根拠である。そして現代の世俗世界は、このような世界観を究極まで押し進めた考え方によって支配されているのである。

神の自由と必然性

以上の事実を踏まえて、バルトは、アンセルムスの神概念を、人間の主観的な観念ではなく、神によって啓示された神の名であると理解する。プラトン的世界像が崩れ去った現在では、神が存在することは、神自身が啓示する以外に知る方法がないからである。聖書の神は自己を隠している神であるが、神の言葉によって自己を啓示する。しかし人間がこの啓示の神を、自由神学が試みたように飼い馴らして自分の支配下に置き、人間の思考の中に内在化して、主観的な観念に格下げすると、神は再び自己を隠す。これと全く同様に、ガウニロとカントは、神の特別のあり方を他の事物と同じあり方に格下げし、神の啓示の名を単なる神概念に格下げして、神を人間の思考の中に内在化したので、当然、神の存在論的証明は空虚となったのである。

聖書の神は自由の神であり、人間は神を捉えることはできない。しかし神学が学問として成立するためには、神学は必然性に基づく論理によって構築されなければならない。とすると神学の課題は、神の自由によって必然性を基礎づけることとなり、偶然に生起したキリストの出来事が、われわれを必然的に神に導く道を備える事実を指示することとなる。

バルトのアンセルムス研究によると、存在は、可能性、現実性、必然性の三つの様態(あり方)をもつ。そして古典神学は、アンセルムスの「それより大きいものは何も考えられえない」という神の名は最高存在者としての神が必然的に存在する事実を指示していると理解したのである。ところがヘーゲルの『論理学』「本質論」によると、他者に依存するものは、他者によって条件づけられているので、偶然性によって支配されている。反面、自己だけに依存する(a se)ものは自由であるから、自由は必然性の存在根拠なのである。この考え方と比論的に、いや、むしろ、ヘーゲルと古典神学を止揚して、バルトの神は自己だけに依存する自由の神であり、しかも自由の神の啓示と救済の出来事は必然的に存在する神をわれわれに啓示するとバルトは理解する。それゆえキリストの啓示の出来事が神の存在論的理性の真の根拠となる。この自由の神の啓示の出来事の視座からアンセルムスの神の存在論的証明の古典的解釈を解体し再構成して、自己の神学的立場を確立した著作が、バルトの『知解を求める信仰』である。

その再解釈の核心は、まず神の存在論的理性の代わりに、キリストの出来事を神学の内的必然性として捉える。次に、このキリストの出来事によって生き方を変えられた人間が神の呼びかけに応答する事実は、古典神学において神の存在論的理性（根拠《ラテイオ》）が人間の認識論的理性を規定する事実を再構成すると理解する。そして最後に、人間の認識論的理性を神学の外的必然性として捉え、この人間の認識論的理性の働きがキリストの出来事（存在論的理性の原型）に呼応するとき、神学は学として成立し、神の存在論的証明も完遂されると理解したことである。

たしかにアンセルムス自身は信仰の枠組みの中で思考していたが、プラトン的な二世界論をも堅持していたことは疑いえない事実なので、バルト的解釈と古典的解釈の両者とも可能であると考える方が公平な見方であろう。しかしバルト神学が「知解を求める信仰」と特徴づけられるのは、プラトン的な二世界論が崩壊した現代でも、神の啓示の出来事に基づいて、人間の主観的な神概念と神の現実性は再び同一性を獲得するからである。したがって神の啓示の出来事が生起しなければ、バルト神学もバルトの神の存在証明も空虚となる。

キリスト論的神学

既述のように、バルトの神は、存在のフロンティア（根源的世界）で歴史を形成する。バルトの神は、プラトンやアリストテレスの神のように静止している神ではなく、行為する神である。この事実に呼応して、神の言葉である聖書は、神が住む家ではなく、神の行為の道筋の記録である。そしてこの行為する神こそ真理の神、実在する神である。聖書によると、この行為する神は、われわれがそのうちに「生き、動き、存在している」(使徒一七章二八節)神である。自己を隠している神は、実は、自己の懐(原歴史)の中に世界史の全過程を包摂すると同時に、世界史の過程の中に生起するキリストの降誕、復活、臨在、再臨という出来事(原歴史)として存在する神である。したがって神が行為する仕方(道)と神が存在する仕方(あり方)は同一の構造をもち、神が行為する道(方法)を証しする聖書は、神が存在する仕方をも指示する。

他方、トマス神学は、神の存在を前提した上で、義の神、愛の神という神の名(概念)は、神に固有な属性を指示すると理解した。またプラトンの二世界論を前提したアウグスティヌス神学は、愛・義・聖などの概念は神の本質を意味し、この神の本質が直接、神の存在と同一性を保持すると理解したのである。それゆえプラトン哲学とアウグスティヌス神学の伝統の中では、神の本質から神の存在を導き出すことが可能になり、これが神の存在論的証明の根拠となったのである。

ところがバルトは、神の名(啓示)は神の行為によって生起する根源的出来事を指示すると考えるので、神の存在と神の本質の両者を、神の啓示の出来事から導き出すのである。さらに神の名が神の行為の道筋を示すという事実は、啓示された神の名が人間を神へ導く道であることを意味する。ところが人間を神へ導く唯一の道はキリスト(ヨハネ一四章六節)であるから、バルト神学はキリスト論的神学といわれるのである。

人間の信仰と神の真理

バルトの神は必然的存在として自己の許《もと》にとどまる神ではなく、啓示と救済の歴史として自己を展開する神である。この神の自己運動を三重の同心円で表現すると、神の言葉（聖書）の最内核は三位一体の神の中の救済の出来事であり、内核はキリストの啓示の出来事であり、外核は聖霊の働きに基づくわれわれの救済の経験である。またキリストの出来事は、この三重の出来事を統合する出来事であるから、神は、三位一体の神（最内核）から聖書（内核）を経てわれわれの信仰（外核）まで現れてくる（ex-sistens）出来事である。つまり神の存在（Existenz）は神が現れてくる出来事なのである。

さて外核としての信仰は、内核としての神の啓示の出来事と、最内核としての真理の神の根源的出来事を包むので、信仰は神の真理と同一性を保持する。反面、信仰は、プラトンの線分の比喩によれば叡智界に属さず、感性界に属するので、「確からしい意見」にすぎない。したがって信仰は、神の真理と人間の確からしい意見の二重性をもつ。この確からしい意見である人間の信仰を神の真理にまで導くのがバルトの神学の方法であり、神の存在証明である。

それゆえバルトの神学と神存在の証明の方法は次の通りである。すなわち真理の神は、まず、自己の救済の出来事の中に人間の信仰の生涯と歴史を包み込む。したがって神は外核となり、われわれは内核となる。聖書の中に隠れている神は、全世界を包み込む神でもある。次に神は、自己の懐（原歴史）の中に道を備え、確からしい意見から出発するわれわれの信仰をその終着点である神の真理にまで導く。

この信仰の旅の過程において、その出発点であるわれわれの主観的信仰は、元来、神の客観的言葉（聖書）を聞くことから始まる。それゆえ、この信仰の旅の比喩を神の言葉の三重の同心円の譬《たとえ》に置き換えると、われわれの主観的な信仰（外核）は、神の客観的言葉（内核）を認識すること、つまり客観的知識の問題を内包する。しかも神の客観的言葉（聖書）は神の真理（最内核）に根差している。したがって、神の言葉の外核（信仰）から神の言葉の最内核（実在する神）に導く道である聖書は、「人間の思考の中に内在化された神の名」（聖句）から「実在する神を知ること」にまで導く道（思考の規矩）であり、神学の内的必然性である。

カント

聖書の字句と真理

ところが神学の外的必然性である論理的思考は、主観的信仰が成立する以前から人間の中に内在し、主観的信仰よりもさらに外側の最外核を形成する。この純粋に論理的な思考の視座からも、啓示の出来事について説明することはできる。これが古典的神の存在証明、また『プロスロギオン』第二章におけるガウニロの反論とカントの神の存在論的証明の批判が関わった領域である。

この領域において、カントは神の存在論的証明の空虚さを指摘したが、これは当然なことである。なぜなら信仰の存在根拠である神は、信仰をもたない者から自己を隠しているからである。この神の啓示と人間の理性の関係において、神学を成立させる内的必然性は神の啓示の出来事である。そしてガウニロやカントの批判の的となった古典神学の論理的思考は、神の啓示の論理（道）とは異なる。同様に、近代哲学の伝統に立つ自由神学は、聖書の字句（外的本文）に拘束《こうそく》されず、理性に基づいて思考する。それゆえ自由神学は、神の言葉の出来事という三重の同心円の外側（最外核）で思考する。しかし啓示の神は、自由神学者から自己を隠しているので、その神学は空虚である。

次に聖句を引用するだけで満足し、それ以上深く考えない聖書主義者（根本主義者《ファンダメンタリスト》）は、三重の同心円の内核（外的本文）の領域で思考するものである。たしかにわれわれの言葉が、神の言葉である聖書の字句（外的本文）と一致する限り、われわれの言葉は絶対の確実性をもつ。しかしこれは本当の意味の神学ではない。なぜなら正しい神学は、聖句の引用が終わるところから始まるからである。正しい神学は、聖書の本文の行間を読むことにより、聖書の内的真理（内的本文）へ到達し、聖書の字句（内核）とその真理（最内核）を統合することを本質とするからである。しかしわれわれは自分の力で、この統合を遂行することはできない。なぜなら真理の神は、聖書の字句の背後に自己を隠しているからである。それゆえ啓示の出来事が生起しない限り、神学は空虚であり、神の存在証明は無意味である。

この枠組みの中で、正統神学は、聖書の字句（存在）と内的真理（本質）の直接的同一性を当然のこととして前提し、両者を結ぶ道が神の啓示の出来事によってのみ開通されるという事実を等閑視した。正統神学は「あるべき姿」（本質）の領域で神学していたわけである。しかし本質の領域は人間の思考の中に内在化される傾向をもつ。これが正統神学から自由神学への道、古典哲学からドイツ観念論への道であった。

このような主観的な傾向に対して、神の言葉（聖書）は神の存在を証明し、神学を成立させる道を備えるが、それは次のような構造に基づく。すなわち、聖書の中に隠れている神は、自己を啓示し、聖書の字句（外核）をその真理（内核）に呼応させる。同時に神はわれわれの中に働き、われわれの思考の形式、つまり神学の外的必然性（最外核）を聖書の字句つまり啓示の外的形式（外核）に呼応させる。それゆえ啓示の出来事は、人間の主観と客観的事物の呼応を通して、神の真理にまでわれわれを導く道を開通する。

同一の事態は次のようにも表現される。すなわち、真理の神は、古典神学の枠組みである本質と存在の対立、また近代神学の枠組みである思考（概念）と存在の対立の根底に隠れている。この真理の神は自己を啓示し、思考の中に内在化された概念（主観的信仰）からの対象（客観的信仰）を経て、真実在の神を認識する道を開通する。それゆえ神学と神の存在証明は、真理の神（最内核）、聖書（内核）、人間の信仰（外核）、人間の思考（最外核）の間の呼応関係が、キリストの出来事によって確立されて可能になるのである。そしてこれが神と人間の間に構成されるバルトの信仰の比論、関係の比論の本質であり、失われた神の存在論的理性を再確立するのである。

バルトの神の存在証明

すでに言及したように、バルトにおける神の存在証明の根拠は、啓示された神の名である。まず「それよりも大きいものは何も考えられえない」という神の名は、必然的な存在である神だけが真に実在し、神が存在しないことも、また神が他の事物が存在する様態（あり方）で存在することも不可能であることを啓示する。つまり自由の神の啓示の出来事が神は必然的存在であることを確立する。さてこの神の存在論的必然性は、次のような認識論的必然性を基礎づける。すなわち神は存在しないと考えることも、また他の事物が存在する様態（あり方）で存在すると考えることも不可能である。さらに神の名（啓示）は、神が他の事物の存在根拠（存在論的理性）と認識根拠（認識論的理性）であることを啓示する。

それゆえ神の存在に関するわれわれの判断は、論理的必然性（神学の外的必然性）によってだけでなく、われわれの信仰（神学の内的必然性）によってもまた条件づけられる。むしろ根源的には、神の存在についてのわれわれの議論は、信仰と不信仰という二つのあり方の象徴であり、神についての二つの異なった判断の表現なのである。つまり「それよりも大きなものは何も考えられえない」という神の名（啓示）は、神の存在（内核）と他の事物の存在（外核）の間、また信仰の知解（内核）と自然の思考（外核）の間に質的差異（存在論的区別）があることを啓示する。これが『プロスロギオン』第三章の本質である。

しかしこの根本的枠組みの中で、同じ神の名の形式的（外的）意味は、客観的存在と主観的存在（意識の中の存在）の間に区別があることを示す。これがカントが例に引く現実の貨幣と想像された貨幣の区別である。カントによれば、アンセルムスの神概念は実体を伴わない空虚な概念、空手形なのである。この形式的意味（外核）が判断の基準として機能する限り、この第二次的区別は、受肉した神（神の第二次的客体）と他の事物の両者、また信仰の知性と生得の悟性の両者に通用する。これが『プロスロギオン』第二章の本質である。

この神の名の二重構造がバルトの判断の基準となるので、バルトの神の存在証明は、まず①意識の中における存在、②客観的存在、③絶対的存在である神の間に区別があることを指示する。次にこの区別が、神の存在について、①誤った判断、②正しい判断、③絶対的真理という区別に対応することを示すことを本質とする。

『プロスロギオン』第二章と第三章　詳論すると、『プロスロギオン』第二章、つまり信仰者と未信者の両者に共通する第一段階は、彼らが神の名を聞き、その字句通りの意味、すなわち形式的意味を理解するとき、第二次的客体としての神は人間の意識の中に内在化されるという事実である。しかし真理の一般的基準の視座からみても、言葉（可能性）、つまり思考の中の（in intellectu）主観的存在は、自己の真理性を主張するためには、自己に対応する客観的（in re）存在（現実性）を伴わなければならない。したがって神の名の形式的表現に関する限り、アンセルムスの神概念は完全な島という概念と同様に空虚であると主張するガウニロとカントの神の存在論的証明に対する批判は正しい。

つまりガウニロとカントは、神と他の事物を区別する存在論的区別、信仰の知解と自然の思考を区別する質的差異を等閑視し、神の存在を他の事物の存在に格下げしたのである。ところが根源的存在である真理の神は、第二次的客体である他の事物とは異なり、第二次的な客体である神の言葉（聖書）の中に隠れているのである。それゆえ感覚に基づく経験的知識に依拠するガウニロは、根源的存在である神を理解することはできない。その結果、ガウニロは、「神の根源的存在を理解すること」（intelligere esse in re）以前に、生まれつきのままの人間として、感覚に基づく経験的知識によって、神を思考することの可能性という認識論一般の問題を論じているのである。つまり神学という特殊な知識を生得の悟性の枠組みの中で考えているのである。

ところがバルトは、神の名の外的（形式的）意味からその内的（実質的）意味へわれわれを導く。これが『プロスロギオン』第二章から第三章への移行であり、次のことを指示する。すなわち、神の形式的表現に基づく議論は、真に実在する神に関しては空虚であり、また神の名の形式的（字句通りの）意味の真の根拠は神の名の実質的（真の）意味である。その上、神の名の実質的（真の）意味を真に理解するためには、神の啓示の出来事が生起しなければならない。この自由の神の啓示の出来事は、われわれを不信仰なあり方から信仰のあり方に変え、啓示の外核（聖書の字句）から啓示の内核（真の意味）にわれわれを導く道を備える。それゆえ神の名（啓示）は認識論的規矩《きく》（道）を内包し、われわれを主観的意識の領域（可能性）から客体の領域（現実性）を経て、神の絶対的存在（必然性）に導く。そして、これがバルト神学とバルトの神の存在証明を可能にするのである。なぜなら根源的領域から客体の領域を経てわれわれの主観的領域に現れる（ex-sistens）神の出来事が備える道は、われわれの主観的意識の領域から客体の領域を経て、「実在する神を認識すること」までわれわれを導く神の啓示の出来事が用意する道と同一性を保持するからである。

教会と神学

神の存在の三領域

前章でわれわれは、神の言葉の出来事が三重の同心円によって指示されるのを見た。キリストの出来事は、三位一体の神の根源的出来事(第一次的客体性)と同一性を保持するが、同時に聖書に記録された客観的出来事(第二次的客体性)と人間が聖霊によって神の恵みを自己のものとする主体的な出来事を包摂する。また神の恵みによって神の懐(原歴史)、つまり神の根源的出来事の中に包み込まれたわれわれが遂行する知的探求の始めと終わりは、信仰の中に包摂されている事実を明らかにした。この神の啓示の出来事に対するわれわれの信仰の応答によって創り出された場所が教会である。それゆえバルトは、神学とは教会に仕えるために教会の内部で遂行される学問であると考える。反面、自然一般、社会一般、つまり教会以外の空間においては、真の神はわれわれから隠されており、われわれの眼は神に対して覆われていると、バルトは考える。

この教会において、神学は次のようにして学問として成立する。まず神の側からみると、根源的な実在である三位一体の神の構造は、神を啓示するキリストのあり方と同一であり、自己中心的な人間を神に仕える人間に変える聖霊の働きと同一である。したがって三位一体の神の出来事（Ereignis）は、われわれの思考の中に内在化された神概念（主観的信仰）から、この概念に対応する客観的存在（客観的信仰）を経て、真に実在する神を知るに至る道を形成する出来事と同一である。つまり神の現実性（Wirklichkeit）とは、神の原歴史の中にわれわれを包み込んだ上で、神とわれわれの間に交わりと歴史を展開することにより、神と人間を両極にもつ星座を形成する神の出来事である。この神が現実に存在することが、神の側からみた神学成立の要件である。次に人間の側からみると、神との交わりに入れられたわれわれが、神の歴史（自己運動）に参与して、神の歴史をこの世に実現すること、すなわち朽《く》ちることのない真に実在する歴史（wirkliche Geschichte）を形成することが、神学成立の条件となる。それゆえ理論的な神学の道は、神の歴史を形成する実践的な道と同一なのである。

われわれは近代の自由神学が試みたように、人間の主観的な理性や感情の中に神を内在化することはできない。われわれは、われわれの主観的経験が神の根源的出来事の証し（Weisung）となる場所（教会）における神との交わりの中でのみ、神を本当に経験することができるのである。また正統神学が試みたように、われわれの信仰から切り離された客観的な自然や歴史上の事件と神の行為を直接に同一視することはできない。たしかに神の啓示は客観的な事実を内包する。それゆえキリストの出来事は、客観的な事実として、年表や地図の上に位置づけることはできる。この点に関しては正統神学は正しい。しかし歴史的な事件は神の啓示の代わりになることはできない。神学は、客観的事物が神の根源的出来事の証しとなるところに成立する。つまり神の根源的出来事と客観的事実（正統神学）と人間の主観的経験（自由神学）の三重の同心円を統合するキリストの出来事によって、バルト神学は成立するのである。

さて、われわれが信仰を通して神の懐（原歴史）の中に取り入れられることが神学の条件であり、これがバルトの神学的循環である。この神学的循環は、神の啓示と人間の信仰が神学の実質的（内的）必然性であり、人間の生得の理性は、単に形式的（外的）必然性に過ぎないことを意味する。それゆえこの神学的循環は、アリストテレスや近代科学の方法論を逆転させる論理である。

教会と歴史

アリストテレスや近代科学の立場から考えると、自然（創造）と歴史の関係は、自然が普遍であり、歴史が特殊である。また世界史と救済史の関係は、世界史が普遍であり、救済史が特殊である。そして世俗社会と教会、神の摂理と神の救いの予定の関係は、世俗社会と神の摂理が普遍であり、教会と予定論が特殊である。この枠組みの中で、普遍の中に特殊を包摂することが正しい判断であり、正しい学問の方法であった。

ところがバルトは、この関係を逆転し、普遍性をもつ真理の神が、イスラエルの歴史の中に自己を啓示したのであるから、この神と世界史と自然を本当に知るためには、具体的な救済の出来事から始めなければならないと主張する。われわれは世俗社会に生きているので、この世の中の動向が世界史を形成すると錯覚している。ところが、この世の中で生起する歴史は、やがては朽ち果てる空虚で無意味な歴史に過ぎない。反面、三位一体の神の中で展開する根源的歴史は、朽ちることなく、真に実在する歴史である。この真に実在する歴史、虚偽でなく真実の歴史（wirkliche Geschichte）は、われわれのあり方がキリストのあり方に相応《ふさわ》しくなるように変えられた時、出来事として生起する。そして、この真の歴史が生起する場所が教会である。教会は真の歴史の担い手であり、この真の歴史（救済史）が、世界史と自然（創造）を荒廃と崩壊から保護しているのである。

以上、われわれはバルトの教義学が神の言葉の出来事、つまり神と人間の間に展開される歴史を主題とすることを明らかにした。この歴史は、神と人間の和解を本質とするが、この和解の業は、教会が証しするキリストの出来事によってのみ達成される。そして真の歴史の本質が和解である限り、世俗社会の視座からは、歴史の本質を完全に捉えることができないのは当然なことである。

さて教会は、たしかに三位一体の神の中で展開される歴史、つまり根源的な神の和解の行為によって形成された。しかし教会はこの世的＝外的姿を伴う。教会は、眼にみえない三位一体の神の中における和解の出来事（普遍）を証しするとともに、眼にみえる特殊な性格、すなわち、いろいろな対立や腐敗を内包している。この意味で、教会は、超越的なプラトンのイデアの王国でもなければ、天上にある神の都でもない。教会は、世俗社会の影響の下にあり、誤り、堕落する危険を孕むわけである。

教会が神の言葉によって建設されたという事実は、時には教会から隠されていることもある。また教会は、教会こそが真の歴史の担い手である事実を忘れていることもある。しかし神と人間の間に展開される和解の事実は、神の側からみれば明白である。なぜなら神の和解の出来事は決して虚無に服することなく、真に実在する歴史を形成するからである。この真に実在する歴史の担い手としての教会は、時間の形式における永遠の神の歴史と三位一体の神の交わりなのである。つまり教会とは、永遠が時間の形式の下に現在（臨在）している場所である。

しかし教会が永遠の神の出来事の時間的な形式として、朽ちることなく真に実在する歴史を形成する場所となるためには、教会の構成員が真の悔い改めをなし、自己中心的な生き方を変えなければならない。つまり教会員が、堕落と腐敗を生み出す自己中心的な生き方ではなく、神と隣人に仕えるために神の恵みによって生きるとき、教会は真の教会となり、真の歴史の担い手となる。教会員、すなわち神の名（聖句）を聞いた者が、自己中心的な殻の中から出て、「実在する神を知ること」という信仰の目標を目指して前進し成長するところにのみ、そして神の歴史を実現するところにのみ、教会は真の生命をもつ。反面、神との出会いを通して、神の愛に迫られても、教会員が決断し行為しなければ、教会は生命を失い、神の歴史をこの世に実現することはできない。

聖徒の交わり

以上、われわれは、神の呼びかけに人間が応答し、神に相応しい人間に変えられるとき、教会は真の教会となり、真の歴史が形成される事実を明らかにした。この出来事の存在根拠が三位一体の神の交わりと、キリストにおける神性と人性の交わりである。聖書の神は、人間を呼び集めて教会を形成し、人間の交わりの中に三位一体の神の交わりを反映させる神である。キリスト教の神は、永遠における三位一体の交わりの中ですでに「ともにいる神」であり、真の隣人、愛の対象である。この根源的客体性をもつ三位一体の神が、キリストの人性を通して、自己の懐の中に人間を包み込むと同時に（『プロスロギオン』第二章）、人間の愛の対象、隣人として自己を人間に与えるのである（『プロスロギオン』第二章）。そしてこの事実は、われわれの信仰が神の根源的出来事（第一次的客体性）によって包まれると同時に、客観的な対象である聖書（第二次的客体性）に基づいている事実に対応する。それゆえバルト神学は、正統神学を自己の中に包摂しているわけである。

さて、われわれが神の呼びかけに応答するとき、われわれは自閉的な存在、自己満足の状態を打ち破り、自己を超越し、真に新しいもの、真の歴史を形成する。またわれわれは、神と隣人を真に愛するとき、利己主義の殻を破って、自己から抜け出し、真に新しい事実、つまり真の歴史を形成する。自己中心主義の殻の中に閉じこもった人間が作る歴史は、袋小路に追い込まれて、やがては凋落する歴史であり、虚しく消えて行き、やがては忘れ去られる歴史である。反面、永遠に残る歴史、真に実在する歴史は、自由、愛、和解という神の本質をこの世に実現する歴史である。ここに自己中心主義、利己主義に陥り易い日本人が、現在、国際社会で生きて行く道が、バルト神学の視座から明確に指示されているわけである。われわれは、自己の殻を破って自己を超越し、隣人を愛し、敵と和解するとき、真の人間となり、真の歴史を形成する。同時に、隣人を愛する構成員をもつ教会は、歴史的＝場所的制約の下にありながらも、世界史の普遍的な存在根拠となる。自由と愛と和解が歴史の意味と実体であり、教会が自由と愛と和解を世界史の中で実現する限り、教会は真の歴史の担い手となるのである。

反面、われわれが神と隣人との交わりから疎外され、自己中心的な殻の中に閉じこもるとき、われわれは真の人間であることを失格し、それにとどまらず混乱と荒廃を惹《ひ》き起こす。同様に、この世の影響下にある教会は、混乱と荒廃の担い手となる。このような人間が虚しく消えて行く歴史を形成することは言うまでもない。つまり教会が自由と愛を失うとき、教会は生命を失い、真の歴史の担い手であることを中止するのである。

神学の二重構造と神学序論

以上、われわれは教会の二重構造を明らかにしたが、教会の働きとしての神学も同様の二重構造をもつ。すなわち、神学が神と教会の間に展開される真の歴史に関心を失い、客観的＝抽象的な歴史学的研究に集中したり、形而上学の中に逃げ込むとき、神学は生命を失う。また神学が、神の根源的出来事から切り離されて、自由神学のように、教会を取りまく文化の中に埋没する時、神学は正しい神学であることを中止する。反面、歴史的研究と形而上学、また心理学などの一般科学は、神の根源的出来事に支えられて初めて、神学の補助学科として意味をもつのである。

さて、神学は、教会の内部で話される言葉、すなわち聖書、信条、信仰告白の知的解明である。ところが、聖書、信条、信仰告白は、歴史的＝地理的＝人的要因によって制約されている。この制約を無視して、正統神学が試みたように、聖書、信条、信仰告白が神の言葉と直接的同一性を保持すると主張するとき、神学は正しい神学であることを中止する。なぜなら、信条や信仰告白は、神の根源的言葉に対する証しであり、時代的な制約をまぬかれないからである。それゆえ聖書、信条、信仰告白を正しく理解することは、アンセルムスの『プロスロギオン』第二章から第三章への移行を伴う。すなわち、正しい神学が形成されるためには、神の啓示の出来事が生起して、聖書、信条、信仰告白が神の根源的真理の証しとなることが必然的な条件となる。そしてこの変化は、われわれが自己中心的なあり方から神に仕えるあり方に移行する変化、また歴史的＝地理的制約の下にある教会が、真に実在する歴史の担い手となる変化に対応する。

それゆえバルト神学は、必然的に倫理学を自己の中に内包する。この事実は、使徒パウロの手紙が、まず教理を論じ、その結論として倫理を論ずる事実に対応する。神学が真の歴史を形成する神の働きを跡づけることを任務とすれば、倫理学は、真の歴史を形成するために、神の召命に応答する人間の行為を主題とする。この事実に呼応して、バルトは、神学序論と神学各論、つまり神論、創造論（人間論）、和解論の終結部で、教理から引き出される結論として、倫理学について論ずるのである。

それはさておき、近代の自由神学は、神学序論において、キリスト教の信仰と神学の可能性について論じた。近代神学は、デカルトやカントの伝統に基づいて、教会の外にいる自由人をも説得できるように、信仰が成立する可能性に基づいて、その現実性について論じたわけである。これが現代の日本の大学の宗教学のあり方を規定したことは言うまでもない。ところがバルトは、自由神学の立場を逆転して、すでに生起した神の啓示の具体的な現実性に基づいて、信仰と神学の普遍的な可能性について論ずる。バルトは、信仰の一般的な可能性という周辺部から、具体的なキリスト教信仰という問題の核心へ接近するのではなく、最も根源的な出来事、すなわち問題の核心であるキリストの出来事から出発するのである。

この限り、バルトは、啓示論や聖書論から神学を始める古プロテスタント教会の正統神学の伝統に立ち帰ったのである。バルトは、すでに啓示された具体的な神の言葉の構造の解明を神学の課題とし、神学「序論」（Prolegomena）は、聖書と信条（λέγομενα=語られたもの）を予備的に理解する学問であると考える。信仰と神学の関係は、信仰が神学の胎児や種子に対応するとすれば、神学は成長した人間や樹木に対応する。とすれば、聖書や信条の字句そのものを直接に神の真理と同一視する根本主義的《ファンダメンタリスト》な正統神学は、誤りではないが、幼児期の神学に対応する。ただ幼児の純粋な信仰が神に喜ばれる信仰、祝福される信仰であることを忘れてはならない。次に神学序論は青年期の神学に対応し、最後に教義学は壮年期と熟年期の神学に対応するわけである。事実、バルトは、神学序論（『教義学』I／1、I／2）において、三位一体の神について論ずるが、神学各論は、この三位一体の神の各局面についての詳論なのである。

　この事実は、カルヴァンの『キリスト教綱要』が初版は小冊子であったものが、版を重ねるにしたがって増大して行き、現在の完成された著作となった事実に対応する。さらにこの事実は、カルヴァンと同様に、神の啓示の出来事を証しする聖書の釈義に基づいて、『教会教義学』の完成のために全力投球したバルトの生涯の歩みにも対応する。それゆえバルトの教義学は、巻を重ねるごとに螺旋《らせん》状をなして展開し、繰り返しこそ多いが、その都度、新たな要素が加わって、大きさを増して行くのである。

カルヴァン

神話と実在

　現在の世俗的人間は、プラトンのイデアの実在性を信ぜず、イデアを単なる可能性（観念《アイディア》）と考えるが、古代と中世の宗教人はプラトンのイデアの実在性を信じた。そして、古典的人間は、天国が存在すると信じていたので、この世における短い生命よりも天国における永遠の生命の方が価値があると確信していたのである。また束《つか》の間の生命しか許されないこの世の背後に、プラトンの真実在の世界が実在することを確信していたからこそ、古典的人間は、欺瞞《ぎまん》に満ちたこの世の中でも、高潔に生きる力を与えられたのであった。

宗教学者ミルチア＝エリアーデによると、古典的宗教人が神話の英雄や神々の生き方を模範として生活したのは、まず英雄や神々のあり方（不死）、つまりプラトンのイデアの王国に参与することを願ったからである。また神々や英雄の生き方に参与することは、困難や欺瞞に直面して、挫折し絶望する人間ではなく、死と悪を克服して高潔に生きる「真に実在する人間」（wirklicher Mensch）となるためでもあった。さらに動物のように衝動のおもむくままに生きるのではなく、神々や英雄が築いた文化の保持者となり、責任ある生き方をする人間となるためであり、この変化が子供から成人へ成長することを意味したのである。

もし神話の英雄や神々のあり方にわれわれの生き方を呼応させることが、われわれが真に人間らしい人間になることであるならば、神話の人物は、われわれが本当に人間らしく成長するための存在根拠であり、真の意味で実在することになる。したがって古典的宗教人にとっては、神話と歴史の間に裂け目はなかった。むしろ古典的人間は、神話の視座から歴史を理解していたのである。同様に、正統信仰を保持するキリスト者は、真のキリスト者となるために、キリストのあり方を模範として生活する。この限り、イエス=キリストはキリスト者の存在根拠であり、真の意味で実在する。そして正統信仰をもつキリスト者は古典的=伝統的な人間なのである。古典的宗教人や正統信仰をもつキリスト者にとっては、神やイエスのあり方そのものが模範とすべき典型であり、人間の生き方を規定する力をもつ。したがって神は真の意味で実在し、イエスの処女降誕や復活や神性も現実性を主張できるのである。これは神の本質が神の存在を内包すると主張するアウグスティヌスの立場と、規範倫理の立場に呼応する。

ところがバルトはキリストの出来事の立場から、正統神学を解体し、次のように再構成する。すなわち神の啓示の出来事が生起して、われわれの生き方がイエスのあり方に相応しいように実際に変えられるならば、キリストの生涯は現実性と実在性を主張できる。この神の啓示の出来事は、バルトにとって、聖書の客観的な記事を通して生起し、また、聖書の記事は神の啓示を証しする。反面、イエスの処女降誕や復活という根源的出来事は原歴史であり、近代史学が通用する科学的=技術的領域そのものを開くが、近代史学の客観的研究方法によって確認できる範囲外の出来事である。それゆえバルトは、このような聖書の記事を伝承（saga）や口碑（Sage）と名付けて、近代史学によって確認される歴史的事実から区別する。これらは根源的言葉（Sage）であり、人間の言葉（主観的信仰）と客観的史的事実を止揚し統合する根源的出来事の証し（Weisung）なのである。

ブルトマンの非神話化

さて現代の世俗的人間は、すべてを自己の支配下におこうとする。このような自己中心的なあり方、自閉的な生き方をする者は、神の根源的出来事を自己の世界から締め出し、プラトンのイデアを自己の思考の中に内在化させる。したがってプラトンのイデアは現実性を喪失し、単なる可能性（観念《アイディア》）となり、キリストの生涯は根源的出来事ではなくなり、現代人とは関係ない単なる物語に転落する。それゆえイエスの処女降誕や復活は、近代科学の方法によって説明され、古代オリエントの地母神の処女懐胎《かいたい》や四季の変遷を象徴する農耕神オシリスの死と復活と同様な単なる神話（作り話）にすぎない、と考えられるようになったのである。

ここで重要なことは、同一の記事が、一方では根源的出来事として理解され、他方では空虚な物語と見做《な》される事実である。しかも、この評価の差異が伝統的な生き方を堅持する正統信仰に立つ教会の内部と外部における評価の差異に対応することである。第二次世界大戦後、神学界を席捲《せっけん》したブルトマンの「非神話化」による聖書解釈は、教会の外側に立つ近代史学の系譜に属し、平均的現代人の立場を代表する。またその故にあのように大きな影響力をもったのである。

ブルトマンの非神話化は、実存主義に基づき、たしかに人間の自己超越を強調する。しかしバルトが正しく理解するように、その自己超越は人間の可能性の範囲内での自己超越であり、人間の外部から介入してくる神の恵みに基づくものではない。ブルトマンは神の呼びかけという根源的出来事を抜きにして、人間の応答という自己超越の局面だけを強調したのである。ブルトマンは神の言葉の客観的事実とは関係なく、神の言葉の出来事の外側に立つ人間の主体的応答だけを強調し、この意味でも自由神学の系譜に属する。

例えば、ブルトマンはイエスが存在したという歴史的事実（Daß-sein）は承認するが、処女降誕や復活というイエスの本質（Was-sein）は歴史的事実とは関係なく、ただ弟子たちの信仰だけに依存すると主張する。これは、人間中心主義の解釈であり、プラトンのイデアを人間の思考の中に内在化させて、単なる観念に転落させた近代哲学の立場に呼応する。ところがバルトは、イエスの処女降誕や復活を原歴史、つまり根源的出来事と解釈する。この根源的出来事は、神の存在と神の本質を統合する神の根源的出来事（原歴史）と同一性を保持するキリストの啓示の出来事である。このキリストの出来事はキリストの存在と本質を統合し、その上、われわれのあり方をキリストのあり方に呼応させる出来事なのである。それゆえブルトマンの神学は、実存主義に基づく自己超越を主張する限りにおいて、バルト神学の人間の応答と相通ずる面をもつ。

聖書

言語霊感説と思想霊感説　バルトによると、神学は美しい学問である。その美しさは、バルトがアンセルムス研究で発見した神の啓示の根源的出来事、つまりキリストの出来事の視座から、神学各論を再解釈する事実の中に見出され、聖書論もこの例外ではない。すなわちバルトは「語られて、記録された神の言葉」（聖書）という正統神学の立場から「人間に語りかける神の言葉の出来事」という根源的出来事へ力点を移す。それゆえ神の言葉に聴従する人間が自己を超越することが、根源的出来事の一面を形成し、自由と必然性を統合する根源的出来事が神学の美しさの源泉となり、聖書はその根源的出来事の証しとなる。しかしこのような神の言葉の構造は、現代になって初めて明らかにされたのであり、古代や中世のキリスト者は聖書そのものを神の言葉と信じていたのである。

したがって正統神学は、聖書は神の言葉であり、神を認識するための唯一の根拠であると主張したのである。さらに正統神学は、聖書の言葉の一字一句が神の霊感を受けて書かれたので、誤謬《こびゅう》を含まないと主張した。これが言語霊感説（遂語霊感説）である。その上、一六世紀に印刷機が発明されたとき、不動の岩である神の言葉が聖書の文字として定着し、一般庶民の手にゆだねられたのである。そして聖書を手にした一般庶民が、堕落した司祭の言葉よりも信頼するに足る聖書の一字一句を誤りのない神の言葉と同一視したと考えれば、言語霊感説は十分理解できる学説である。しかし言語霊感説は、近代人や現代人にとっては理解するのが困難な学説である。

これに対して、聖書の言語ではなく思想が霊感されたと理解する立場が思想霊感説である。思想とその表現形式としての言語という枠組みは、プラトン哲学の本質と存在、霊魂と身体、可想界と感性界という二世界論に対応する。思想と言語の対立という枠組みは、本体（本質）の領域を天国から人間の魂（思考）の中に内在化させたアウグスティヌスの神学においても通用する。つまり「あるべき姿」である本質の領域は誤謬を含まないが、眼にみえる存在の世界は誤りを含むと考えられたわけである。それゆえ思想霊感説は非常に理解し易い学説である。しかし同じ枠組みの中でも、アウグスティヌスは思想と言語の関係を父と子の間の不離の関係とみる。とすると、子なる神が父なる神と同一の実体を共有するように、思想と言葉は分離することができず、神の言葉と聖書は直接の同一性を保持することになる。バルトも神は霊と肉をもち、神の行為は霊と肉の統合のうちに生起すると見るので、思想霊感説は取らない。

さらに古典的な宗教人に固有な生き方という視座からみると、正統神学の言語霊感説は十分に理解できる立場である。なぜなら古典的宗教人は、人間のはかないあり方を克服し、永遠不変の神のあり方に参与することに、生きる意味を見出したからである。正統神学は、聖書の言葉そのものを、プラトンのイデアが地上に降って来たもののように見做し、聖書の言葉どおりに生きることによって、神のあり方に参与することに生きる意味を見出したのである。

換言すると、正統神学は、人間の生き方の規範を指示する伝統にしたがって生きることに意味を見出し、保守主義と結びつく。つまり伝統は人間の本質（あるべき姿）を保持しているので、伝統的な生き方をする限り、典型的な人間になれると信じたのである。正統神学は、聖書の言葉どおり生きる限り、真の人間となれると信じ、逆に聖書にしたがって生活しない時、空虚な人間になると考えたのである。聖書にしたがう生活が救済への道であり、聖書にしたがわない生活が滅びへの道であった。この正統神学の立場が律法主義やパリサイ主義に堕落する傾向をもつことは否定できない。しかしバルトは、正統神学の方が自由神学よりも、キリスト教の本質を的確に捉えている事実に気付いていたのである。

近代の歴史観と聖書の歴史観　なぜなら正統神学と自由神学の相違は、究極的には伝統的な宗教人と近代的な世俗人の生き方の差異に帰着するからである。正統神学は、時間による風化に反抗して伝統や原型を保持すること、人間にとって本質的、典型的な生活を保持することに意味を見出す。同様に、古典は、不必要で余計な書物が忘れ去られる中、歴史の風雪に耐えて生き残って来た書物であり、人間と歴史の本質と核心を伝えている書物と判断されて来た。そして伝統的な人間は、真の人間は古典の中に示された規範や典型にしたがって生きることにより確立されると信じたのである。

しかし歴史的意識過剰の近代人と自意識過剰な現代人にとっては、保守主義と正統神学は個人の自由を抑圧し、歴史の進歩を阻止する非人間的な生き方を擁護していると映《うつ》るのである。ところがエリアーデによれば、近代人が歴史に興味をもつのは、皮肉なことに次のような理由による。すなわち、永遠の規範(本質)を見失った近代的人間は、時間の流れの中で忘却の淵へ運び去られる無意味さに耐えられず、歴史の中で永遠に残る人物、永く記念されるものに魅せられたのであった。なぜなら現代人の願いは、この世に生きた証拠を歴史の中に残すこと、すなわち不滅の存在として歴史の中に残ることだからである。さらに皮肉なことに、近代人が歴史を学問的に研究しようとしたとき、その規範となったのは近代の自然科学の方法論であった。それゆえ近代史学は、時間の経過のうちに生起した事実の因果関係を正確に記述し認識することを目的としたのである。

エリアーデ

ところが聖書を書いた人たちは、近代的な歴史観に基づいて

聖書を書いたのではない。例えば、古代ギリシアのヘロドートスは歴史を記録したが、その目的は後世の読者が模範とすべき典型的な人物や事件を記録することであった。日本における中世の歴史書も『大鏡』『増鏡』という表現が示すように、後世の人々の生き方の模範や典型となるもの、あるいは模倣すべきではない愚かな生き方を記録するのが歴史書の目的であった。このような古典主義、本質主義の立場から見ると、聖書も「教えと戒めと矯正と義の訓練のため」の規範を指示する書物として「霊感」されたと考えるべきであろう（IIテモテ三章一六節）。

それゆえ聖書が霊感を受けて書かれたという事実は、近代の自然科学や歴史学の立場から見て無謬であることを必ずしも意味しない。むしろ聖書は、永遠に生きる神の働きに参与する人間の生き方を指示する規範となるために霊感を受けたと考えるべきである。結果的には、聖書の歴史的記録は正確であるかも知れないが、少なくとも正統神学が聖書の無謬の主張の根拠とした前述のIIテモテ三章一六節は、近代科学の立場からみて無謬であるということよりも、人間の生き方を指示する聖書の本質主義に言及していると解釈するのが妥当であろう。

本質と出来事

以上述べたように正統神学は、聖書の言葉にしたがって生きることをその本質とする。この限り正統神学は正しい。ただ注意すべきことは、われわれは古典的な世界や近代の自然科学の世界の中に生きておらず、歴史的世界の中に生きているという事実である。

そして歴史は、近代科学が理解した自然のように型通りに繰り返されるのではなく、今までの枠組みを解体する根源的に新しい出来事によって形成されるという事実である。つまり歴史は、本質が存在を規定するという古典的な立場では、十分に説明できない抜本的に新しい出来事によって形成されるという事実である。そしてこの事実は、神の本質から神の存在を導出する古典的な神の存在論的証明が現在ではもはや通用しなくなった事実に対応するのである。

真の神は、われわれの思いを遙かに超える出来事を創り出す神であるから、この神の働きを、本質が存在を規定するという古典的な枠組みの中に閉じ込めることはできない。古来、神学はイスラエルの歴史の中にキリストの型をあらかじめ示す人物や事物を見出す予型論《タイポロジー》（Typology）を展開してきた。しかしバルト神学の視座からみると、古典神学が保持した静的な予型論は、実は、動的な神の働きによって生起する出来事によって支えられているのである。したがってバルトにとって、聖書は、固定された規範という意味で典型（鏡）を提供するのではなく、神の恵みの呼びかけと人間の信仰の応答との間に展開される歴史（出来事）の記録なのである。しかし神の呼びかけに応答した人間の生き方を分析してみると、キリストが示した典型にしたがって生きていることが判明するのである。それゆえ神学は美しい学問なのである。しかも、この事実は、自然と歴史の根底や核心を振動と見る現代物理学の立場に対応する。そして神の本質と存在の対立の根底に神の行為と出来事を認める立場との比論において神の言葉を考察すると、神の言葉の理解も当然異なってくる。

聖書を読んでいる者が、自己の罪を示され、自己中心の生き方から神中心の生き方へと変えられるならば、その者は異なった人間となる。この人間のあり方の変化は、聖書の言葉が次のように変化する事実に対応する。すなわち聖書は、批評学によって人間が自由に処理できる本文（テキスト）から、人間のあり方を変える本文（テキスト）に変化する。この変化は、聖書が人間の言葉から神の言葉へ変化する事実に対応する。しかもこの変化は、神の言葉の出来事によって生起するのである。ところが正統神学は、この出来事を抜きにして、聖書は神の言葉であるから誤謬を含まないという形式で、神の言葉と聖書との直接的同一性を主張したのである。

換言すると、正統神学は神が実在することを当然のこととして前提した。ところがバルトは、隠れている神が自己を啓示した後に、初めて神が実在することを認識できると主張する。同様に正統神学は、聖書と神の言葉の直接的同一性を主張する。ところがバルトは、神の啓示が生起して、聖霊が読者を啓明する時、初めて聖書は神の言葉になると主張する。前述したように、古典的神の存在論的証明は、プラトンの二世界論が崩れ去った現在では、カントの批判の前に効力を失う。同様に神の言葉と聖書の直接的同一性を主張する正統神学の聖書論は、高等批評学の前に崩壊する。したがって現在では、神の存在証明も聖書と神の言葉の同一性の主張も、神の言葉の出来事が生起して、われわれが神に相応しいあり方に変えられるとき、初めて可能になるのである。

神の認識

アンセルムス書で、バルトは「知解を求める信仰」という神学方法論を確立した。バルト自身が明言するように、『教会教義学』II／1の神の認識論は、この信仰と祈りの中の神認識の方法論の確認であり展開である。この意味で、アンセルムス書はバルト神学の方法叙説と呼ばれるのに相応しい。

神学的循環

われわれは神の啓示に応答する信仰を通して、神の恵みの中に包み込まれて、初めて神を知ることができるが、われわれの生涯を神の懐の中に包み込む神の啓示とわれわれの信仰によって形成される円環が神学的循環である。まず個人の生涯においては、われわれを自己の懐（原歴史）の中に包み込んだ神は、自己の懐（原歴史）の中に道を備え、われわれを幼児の信仰から成熟した信仰の知識へと進ませる。次に世界史においては、神は全歴史を自己の懐（原歴史）の中に包み込むと同時に、キリストの受肉と復活という出来事（原歴史）によって自己を啓示する。神は救済史の全過程を自己の中に包み込むと同時に、救済史の過程の中に存在する。したがって、神の存在は何か（Was）と問うことは、神は如何《いか》に（Wie）行為するかと問うことに帰着し、神の本質を認識することは、神の啓示に応答する人間の信仰を確立する神の出来事を認識することに帰着する。つまり神を認識することは、神の救済史を認識することに帰着するのである。

バルトは、まず神が啓示を通して自己をわれわれの思考の対象として与えるので、われわれは神を認識できると主張する。反面、啓示の出来事から離れて、神認識の可能性を問うことは無意味である。例えば、近代神学は、まず知識一般の可能性を確立し、その次にその特殊な例として神の知識の可能性を論じたが、このような方法は真の神を認識するのに相応しくない方法である。特に、一八世紀の理神論は、聖書の特別啓示を一般啓示に置き換えて、人間の理性と自然と世界史に基づいて神について論じたが、このような方法は神学には相応しくない方法である。

神の対象性と神の出来事

神が啓示を通して、われわれを自己の懐(原歴史)の中に包み込むという限りにおいて、神と他の事物は、存在のあり方において異なり、信仰の知識と自然の知識は異なる(『プロスロギオン』第三章)。しかし信仰の知識の枠組みの中で、受肉したキリストがわれわれの認識の対象となる限り、信仰の知識と自然の知識は同一の構造をもつ(『プロスロギオン』第二章)。これが神の対象性の問題である。ところがバルトによると、三位一体の神の交わりの中で父なる神と子なる神は相互に対象としての他者を認識し合うので、三位一体の神の対象性が実は、他の事物の対象性の源泉なのである。神は、他の事物の認識根拠であるにとどまらず、他の事物の対象性の根拠でもあるわけである。

さて信仰から始めて実在する神を認識するに至る道（歴史）において、神の名を聞いた者は神の概念に対応する事物や人物の対象性を通して神を認識する。神は、根源的な姿（第一次的対象）、つまり裸の自己を示さず、第二次的な対象、覆いをつけた形式（事物）を通して自己を啓示するので、われわれは衣を通して間接的に神を認識するにすぎない。

換言すると、神の啓示に応答するわれわれの信仰の中で、われわれが直接認識するのは、神の根源的姿、第一次的対象性、神の裸の存在ではなく、歴史的な事件、形式、関係という神の衣や仮面である。神は神の行為によって自己を啓示するので、神の行為は神の啓示と同一性を保持すると同時に、神の隠蔽《いんぺい》を伴うわけである。それゆえ神は、自己を啓示する行為においても、啓示の神であると同時に隠れた神なのである。また神は、愛の行為の中でも、愛の神であると同時に自由の神であり、愛と自由の統合の中、啓示と隠蔽の統合の中に神は実在する。つまり啓示と隠蔽の統合、愛と自由の統合が神の現実性（Wirklichkeit）なのである。

さて神が自己を対象としてわれわれに啓示する限りにおいて、またわれわれが神に従順である限りにおいて、われわれは神を確実に認識することができる。しかしわれわれが神を自己の支配下に置こうとすると、真の神の対象性は偶像の対象性に転落し、神は自己を隠す。それゆえ神の自由と隠蔽の前で、われわれは謙遜を学ぶのである。換言すると、神は、啓示の中で自己を第二次的対象としてわれわれに与えても、対象（衣）の背後に隠れているので、神秘としてとどまる。神は、われわれが主体となることを許すが、実は、神がわれわれの真の主体であり、自由と神秘の中に存在する。しかし神は愛の神であり、自由と愛、隠蔽と啓示の対立を統合する根は、愛と啓示の勝利である。そしてこの神の愛の勝利は、神の呼びかけにわれわれが応答する時、出来事として生起するのである。

真の神認識

われわれが神を認識するためには、われわれの前に立つ神の側からの働きかけが前提となる。神認識に際しては、神はわれわれに先行し、われわれは神の動きにしたがい、神を愛する自由をも神によって与えられるのである。したがって真の神認識とは、われわれの認識の対象である神によって決定される出来事なのである。われわれは真理の神の懐に包まれて、初めて神を対象として認識する。ところが神の真理とは、三位一体の神の交わりの中で、父なる神と子なる神が相互を対象として認識し合うことを本質とする。この神の自己認識の出来事が、われわれの神認識の原型、本質、力なのである。それゆえわれわれの神認識は、三位一体の神の自己認識の出来事に基づいて真理となるのである。

バルトはアンセルムス書において、執拗《しつよう》なまでに、神の存在論的必然性と存在論的理性《ラティオ》（根拠）が神の認識論的理性を支え、両者が人間の認識論的理性を支えると主張する。この事実に呼応して、教会教義学においてバルトは、われわれの神認識は、三位一体の神の中で具体的に展開される神の歴史（存在論的必然性）と神の知識（認識論的理性《ラティオ》）に基づくと主張する。神の自己認識（神の選び）の中で子なる神が受肉したのは、神の決断に応答したキリストの決断に基づく。そしてキリストは十字架の死に至るまで神に対して従順であったので、神の自己認識に参与したのであった。同様に、われわれの神認識は、キリストのあり方に参与して、神の決断に従順に応答するわれわれの決断に基づく。つまり神から出て神へ戻る神の歴史（救済史）と神の自己認識にわれわれが積極的に参与するとき、真の歴史が形成され、真の神認識が生起するわけである。これは、神から出て神へ帰る神の歴史と神の認識が、われわれ自身の歴史と認識となることである。

根源的認識

以上、略述してきたバルトの認識論は、古典的正統神学の認識論と近代哲学の認識論を止揚する根源的認識論と呼べるであろう。正統神学は、神が自己の存在論的理性に基づいて人間と自然を創造したので、人間は認識論的理性をもち、自然は本質構造（論理的法則）をもつと主張する。それゆえ人間は、自己固有の理性によって自然を認識することができるわけである。この古典神学の立場は、歴史の神によって創造された歴史的＝力動的世界、すなわち神の予定と救済の世界に固有の場所をもつバルトの認識論を、中世的自然の世界に固有の場所をもつ静的構造で捉えたものである。したがって古典的正統神学は、バルト神学の抽象面を叙述しているわけである。

さて近代哲学においては、人間が世界の中心を占め、神の座を奪う。それゆえ人間だけが主観となり、神は他の事物と同様に客観（対象）となる。しかも近代哲学は、認識の主観（人間）と客観（事物）の対立を支える真の神を見失ったので、人間の認識論的理性だけを確実なものとして承認する。つまり神の存在論的必然性と神の存在論的理性、神の認識論的理性が見失われ、人間の認識論的理性だけが唯一の理性として残ったのである。そして現代のように技術理性だけが唯一の理性として承認されるようになると、無神論が幅をきかすようになる。しかしバルト神学は、現代の技術世界においても、信仰の立場から正統神学の伝統を甦《よみがえ》らせる可能性を十分に孕んでいるのである。

詳言すると、バルトの神は、根源的には自分自身だけに知られている真の神、根源的な「我」である。三位一体の神の交わり（関係）の中で、父なる神と子なる神は根源的な「我」と「汝」として相互に認識し合う。この三位一体の神の相互認識の原型（第一次的対象性）に基づいて、われわれはイエス＝キリストを第二次的な対象として「汝」また「彼」として認識する。したがって根源的な「我」である神は、元来、われわれから自己を隠している神である。そして啓示においても、神は根源的な自己を隠している自由の神なのである。

さて啓示の中でわれわれに出会う神は、神の言葉（聖書）によって自己を客体（対象）としてわれわれに与える愛の神である。しかし神は主体であり続ける自由の神でもある。それゆえ神は、自己を客体として人間に与えることによって、人間を主体として定立するが、根源的な主体であり続ける。そして、われわれは神の根源的自我から、われわれの自我を受容したり借用したりするのである。神認識においては、神はいつも先手を取る。古典的な自然神学の誤りは、人間が先手を取り、人格神を非人格神に変え、歴史的実存である神を静止した最高存在者に変えたことである。他方、現代の世俗的人間は、主観と客観の対立から出発したが、徐々に人間の主観が恣意的な自我に変化したので、真理を歪曲する結果を招いたのである。

この事実を踏まえて、バルトは、神の啓示に応答する人間の信仰を通して生起した和解と救済の出来事から出発する。なぜなら主なる神の呼びかけが失われた存在論的理性を再確立するからである。そしてわれわれが神の呼びかけに応答することは、古典神学において、神の存在論的理性がわれわれの認識論的理性を規定する事実を再構成するからである。その上、バルト自身、神と人間の間に展開される歴史（神の予定と和解の出来事）は新しい問題であり、近代の主観と客観の対立を前提とした立場では解決できない問題であると明言する。つまり三位一体の神の中に展開される和解と救済の歴史（神の予定）は、自己中心的になった人間の自閉的なあり方から人間を解放し、神と人間の正しい関係を新たに創造する神の出来事なのである。そして、この神と人間の正しい関係が失われた存在論的理性を再確立することは言うまでもない。それゆえ神と人間の正しい関係を再び確立する「比較の第三項」は、古典神学の神の創造の行為やトマス神学の「存在」ではなく、神の予定、和解、救済という歴史的出来事なのである。神と人間を隔てる深淵に架橋する契約の虹としての神の恵みの予定は、存在の秘密、創造の秘密であるとともに思考の秘密でもあるわけである。

本来的思考

このような根源的事態においては、思考は神の啓示によって確立された神と人間の根源的関係を叙述することを本質とする。すなわち、神を認識することは、神を個体として認識することではなく、神と人間の正しい関係を確立する神の啓示の出来事を認識することを意味する。これが神と人間の間に確立されるバルトの信仰の比論、関係の比論の本質であり、バルト神学とバルトの神の存在証明の核心である。バルトによれば、人間とは、アリストテレスの「ロゴス（理性）をもつ動物」でもなく、自由に思考する可能性をもつ近代人や現代人でもない。むしろ神の啓示の出来事が生起して、神と人間の正しい関係を確立するので、この関係にしたがって人間は考えさせられるのである。本来的思考とは、自由で空虚な可能性から引き出されるのではなく、神の呼びかけに対する人間の応答なのである。

古典的な自然神学は、神の像である人間の理性に基づいて、人間から神への道があること、すなわち人間と神の間に接続性があることを主張した。しかも自然神学は、人間の堕落後も、人間の理性は正しく機能することを当然のこととして前提したのである。ところが現在の世俗社会が示すように、人間の理性は歪んでおり、もはや神を指示しない。とすれば、恣意的になった人間にとって、実質的な神の像は罪のために破壊されてしまったと見るのが妥当であろう。それゆえブルンナーは、神の像が罪によって実質的には失われてしまったことは承認する。しかしブルンナーは、なお神と人間の間には、神に対する人間の責任性という形式的な接合点が残されていると主張したのである。これに対してバルトは、人間が、神に対する責任性という形で、神の像をもつと主張することは、神と人間の交わりという根源的な出来事から抽象された人間固有の可能性について論じているにすぎないと主張して、ブルンナーを批判する。バルトによれば、人間が神の像にしたがって創造されたということは、「理性」という神と人間に共通な本質や、神に対する責任性という人間固有のあり方を、人間が生得の属性として保持することではない。むしろ神の姿(像)とは、神の呼びかけに対する人間の応答を生起させる神の恵みの出来事が、常に新たに生起する事実を指示するのである。

この事実に対応して、本来的思考とは、形式と内容、主観と客観を統合する根源的出来事、つまり神の呼びかけに対するわれわれの応答を生起させる出来事に基づく。この神の根源的出来事に基づいて、初めて神と人間の間に関係の比論と信仰の比論が確立されるのである。またそのゆえに、バルトは、神の恵みの出来事を証しする聖書の釈義に真剣に取り組むのである。

神認識への道

最後に、バルトの認識論の特徴は、「何」(Was)と問わずに「如何に」(Wie)また「どれ程まで」(In-wie-fern)と問うことである。すなわち「如何に、天における神の真理は地における人間の真理となるか」、また「どれ程まで信仰の中のあり方は、時間の中にありながら永遠のあり方と同一でありうるか」と問うわけである。

啓示とは、神の原歴史の中に包み込まれたわれわれが、神とわれわれの間に展開される歴史の中で神と出会い、神とわれわれの交渉の歴史を形成することを意味する。この歴史は神の決断によって始まり、それに応答する人間の決断によって受け継がれる。しかも神の中で完成された歴史は、地上においてもその完全な現実性において遂行されるので、神の歴史と救済史は同一性を保持するのである。

さて聖書は、「神は愛である」とか「私は道であり、真理であり、生命である」と語る。古典神学は、この神の名を、神の存在に固有な属性、神に固有な本質と理解した。ところがバルトは、神の名(啓示)を、神の原歴史の中にわれわれを包み込んだ上で、われわれの思考の中に内在化された神概念から出発し、対象としての神を認識することを通して、真の意味で実在する神、つまり天と地、内と外、自由と愛、隠蔽と啓示を統合する神の現実性（Wirklichkeit）を認識するに至る道を開通させる神の出来事と理解する。それゆえ神の名(啓示)は神の運動の道筋と神の歴史を意味し、神の本質（Was）を認識することは、神と人間の間に展開される歴史（Wie）を認識することを意味する。

神の原歴史の中に包み込まれても、われわれは、自由と愛、隠蔽と啓示の統合の中に実在する神を認識する途上にある。つまり、神の啓示を受容することは、われわれが神とわれわれの関係をただ一度で認識することを意味しない。むしろ啓示とは、われわれの救いに関して神によってただ一度だけで決断されたことが、リバイバルの歴史の中で、われわれによって繰り返し実現される必要があることを要求する。なぜなら時間の形式の下では、永遠の真理は繰り返し実現されねばならないし、時間の下ではわれわれはいつも途上にあるからである。

さて、自由と愛、啓示と隠蔽を統合する神の現実性を認識することは、神の啓示とわれわれの信仰によって開通された信仰の旅路の終点であるが、われわれの信仰はすでにその目標に到達している。したがって信仰においては、われわれは真理の中にいるわけであり、これが信仰の確かさである。しかし直観と概念による思考は、神の自己認識に漸次《ぜんじ》、接近する過程にあるにすぎない。そして一つの目標が達成される時、その達成された目標は新たな旅の出発点となるのである。神の恵みはいつも新たにわれわれに贈られ、神はいつも新たにわれわれによって求められることを欲する。われわれは神との交わりの中で信仰の旅の途上にあるが、この神と人間の交わりが神の知識の目標なのである。しかし神が神である限り、神は啓示の中でも隠れた神であり、人間の支配に自己を委ねない。神の恵みが恵みである限り、神は隠れた神なのである。

神の現実性

バルトのアンセルムス書が示すように、バルト神学の出発点は、神の啓示の出来事、具体的なキリストの出来事である。それゆえ神の存在についての問いも啓示における神の行為から出発する。真の神は、神の啓示の行為の中に存在するからである。

神の行為と神の存在

しかし神の存在は、神の行為と完全に同一ではない。なぜなら神は啓示の中でも隠れた神だからである。たしかにわれわれは神の啓示、すなわち神の愛の行為から出発する。しかし神の啓示を通してわれわれは、神が完全に自己に依存し(a se)自己に満足している神、自由の神であることを認識する。神は三位一体の交わりの中で、互いに愛し合っているので、自己充足している神であり、さらに人間との交わりや人間の愛を求める必要のない自由の神である。したがって神の啓示の行為は神の存在に結びつけられているが、神の存在は神の啓示の行為に結びつけられてはいない。すなわち神が存在しなければ、神の啓示の行為はないが、神の啓示の行為はなくとも神は存在する。

換言すると、三位一体の神の中の愛と交わりが横溢《おういつ》して、神とわれわれの交わりと愛を確立する。

真の愛とは、満ち足りた自己の生活の殻を破って、他者のために存在することである。したがって神は、自己固有の本質的な交わりの豊かさを自分だけで享受するのに満足せず、われわれと交わりをもつことを欲する。それゆえ神の啓示は、神の内的=本質的真理に対する外的=非本質的、経綸《けいりん》的な真理ではない。むしろ神の啓示は、神の本質的=内的真理の啓示なのである。すなわち神と人間の交わりは、神にとって根源的なもの、本質的なものであり、またそのゆえに後期バルトはキリストの人間性を三位一体の神の中に取り入れるのである。しかも三位一体の神の交わりと愛は、啓示された神の愛の行為における神の存在と同一であり、神の啓示の中で、永遠の神の行為が生起するのである。

アウグスティヌス

バルトの神は永遠に実在する神であるが、救済史の中にだけ自己を啓示するので、神の意志は、救済史の中に偶然に生起する出来事だけを通して認識される。この事実は、究極的には、三位一体の神の中に展開される神の歴史と地上における救済史の同一性を物語る。契約の神は、真の歴史の神であり、神の内と外、本質と存在、自由と愛、歴史の根拠と偶然の出来事を統合する真実在の神であり、これが神の現実性である。

神が存在することは、神が愛することであるが、これはアリストテレスとトマスの伝統にしたがって、神という実体が愛という属性をもつことではない。むしろこの事実は、プラトンとアウグスティヌスの伝統にしたがって、愛という神の本質（Wesen）が神の存在（Sein）であることを意味する。ただアウグスティヌスが本質と存在の直接的同一性を説くのに対して、バルトは神の本質と存在の同一性を神の啓示の出来事から導出する。

さて神は自己だけに依存する（a se）自由の神である。しかし神は、自己と人間を隔てる深淵を自由に越えて、人間を救い愛する自由の神である。それゆえ人間を超越する自由の神は、歴史の中で人間を救済する愛の神と同一性を保持し、これが神の現実性である。天における神の存在と地における神の行為を統合するバルトの神の現実性は、思考の中に内在化された神概念と客体としての神を統合するアンセルムスの真に実在する神に対応するのである。

神の愛と神の自由

古典的形而上学と古典神学においては、神は絶対的な存在者であった。絶対者はすべての存在の究極の根拠であるとともに、すべての関係や条件から自由であり、すべての不完全性から自由であった。したがって古典的正統神学は、絶対性は神固有の属性であり、人間によって共有される属性ではないと主張し、反面、神と人間に共通する属性は神と人間の関係を表現する属性であると主張したのである。

プラトンの二世界論を前提すると、神の自由は超越や絶対という神固有の属性（attributa incommunicabilia）に対応し、神の愛は内在や相対という神と人間に共通する属性（attributa communicabilia）に対応する。それゆえ古典神学においては、神の自己依存性（aseitas）を表現する無限性、超越性、必然性、単一性という神の本質は、神と世界の関係を表現する愛、聖、義、恵みという神の本質よりも高次の存在性をもつと考えられたのである。これは古典神学が、後者は神の経綸的=非本質的属性であり、救済史の領域に属するのに対し、前者は神の本質的属性であり、形而上学の領域に属すると考えたからである。古典的正統神学は、創造の秩序を根本的な枠組みと理解し、その中で救済史について論じたので、正統神学は、天における神の存在は地上における神の救済行為よりも根源的であり本質的であると理解したのである。

これに対してバルト神学の新しさは、神の存在の中に、神と人間の間に展開される和解、交わり、歴史、出来事を導入して、古典神学における神の超越性と内在性の順序と、創造論と和解論の順序を逆転させたことである。すなわちバルトは、神の自由と神の愛を統合する根を神の愛、神の恵みの勝利であると理解したのである。

すでに言及したように、神は三位一体の交わりの中で愛の生を完結しており、われわれを愛する必要はない。したがって神がわれわれと交わりを求めるのは、ただ神の自由の恵みに基づく。それゆえ神の自由は、限界や制約や条件から免除されているという消極的=否定的な自由を意味するのではない。むしろ神の自由は、自己決断に基づく神の行為、自己の中に根拠をもつ神の行為を意味する。神は自発的に創造し、和解し、救済する。この積極的＝肯定的な自由によって、神は自己自身で存在するとともに、人間と交わりをもつのである。神は、愛のゆえに、被造物と関係をもつとしても、被造物から完全に独立しており、啓示によりわれわれを神の懐（原歴史）の中に包み込むとしても、われわれから無限に隔たっているのである。しかも神とわれわれとの関係は、神の恵みによって創造されたのであり、われわれがこの関係を当然のことと思い、神の恵みを自然に格下げすると、自由の神は自己を隠す。

さて神は愛の神であり、この愛の行為によって神は生きる。しかしわれわれが真の意味で隣人を愛するためには、われわれは真の自由をもたねばならない。同様に、われわれの愛と自由の源泉である神も、自由だからこそ愛せるのである。そして自由において愛する神こそ、真に実在する神なのである。したがってバルトは、神の現実性を愛と自由の統合と捉えることによって、プラトン的な二世界論を保持しながらも、超越と内在の対立を克服して、プラトン的な二世界論を克服するのである。

神の愛の完全性

古典神学は、地上の事物は不完全であるが天上のイデアは完全であるというプラトンの二世界論に基づいて、神を最も完全な存在であると捉え、最も完全なものは最高の実在性を保持すると理解した。ところがバルトは、神の完全性と実在性を、神の多様性と複数性と独一性を統合する三位一体の神の現実性、また神の自由と愛の両極を統合する神の現実性という形で捉える。

プラトンのイデアが完全であるように、神に固有な個々の本質はそれ自体で完全である。しかし神の現実性は、個々の完全な本質を統合する神の完全性である。ガラテヤ書五章二二節によれば、「御霊の実は、愛、喜び、平和、寛容、慈愛、善意、忠実、柔和、自制である」。しかもこれら多くの徳を統合する御霊の実（καρπός）は単数形で表現されている。そしてこの御霊の実を結ぶ人間は、最も完全な存在であり、真の意味で実在し、真の現実性をもつと考えられる。同様に、御霊の実の原型である神は、愛と自由を統合し、複数性、多様性、独一性を統合するので、完全性と実在性と現実性をもつのである。

この神の愛の完全性は、第一に神の恵みと神の聖、神の内在性（愛）と神の超越性（自由）の統合として示される。神の恵みは聖を内包するので、厳粛《げんしゅく》な愛であり、安易に流れ易い人間の愛よりも完全性と実在性をもつ。真に実在する神、真の現実性をもつ神は、愛と自由、恵みと聖の緊張関係の中に生き、存在するのである。

神の愛の完全性は、第二に神の憐《あわれ》みと神の正義の統合として現れる。憐みと正義を統合する神の愛は、イスラエルの無節操によって無効にされるような実在性の稀薄《きはく》な愛、不完全の愛ではない。

なぜなら正義の神はイスラエルの背信行為を打ち砕く自由をもっていると同時に、神に逆らうイスラエルの民を救う愛と自由をもっているからである。このような具体的な行為によって、憐みと正義を統合する完全な愛をもつ神は、空虚な神ではなく、現実性と実在性をもつ神であることを証明するのである。

神の愛は福音であり、福音は神の正義を表現する律法の内核である。したがって神の恵みが神の聖に先行するように、神の憐みも神の正義に先行する。そして律法と福音の対立を統合する根が福音であるように、神の憐みと神の正義の対立を統合する根は、神の愛の完全性なのである。

神の愛の完全性は、第三に、神の忍耐と知恵の統合という形で、神の愛と神の自由を統合する。そして神の忍耐と神の知恵の統合は、歴史の根拠そのものに関わる。忍耐深い神は、人間の自由を尊重し、人間が自分の時間と空間をもつことを許し、人間が自己の歴史を展開する自由をもつことを人間に保証する。反面、知恵に富む神は、人間の自律的な行為を通して、神自身の歴史をこの世の中に実現し、神固有の時間と空間（原歴史）を人間の時間と空間（世界史）の中に実現する。それゆえ神の忍耐と神の知恵は、抽象的な神の本質、唯名論的な空虚な神の本性を指示するのではない。むしろ神の忍耐と神の知恵を統合する神の愛の完全性は、神の愛に対するわれわれの応答を通して、神自身の実在性と現実性を神自身が証明する行為を指示するのである。

神の自由の完全性

神の自由の完全性は、まず神の独一性と神の遍在性の統合という形で表現される。神は、唯一の神として世界を超越するとともに、世界の至るところに遍在するので、完全性、現実性、真の実在性を主張できるのである。

啓蒙主義や正統神学は、神は空間の原理であるが、自己固有の空間をもたないという形で、神の遍在性を説明した。しかし神が自己固有の空間をもたないとすると、三位一体の神の中に交わりと歴史は成立しない。したがって神は生命と愛と自由を失い、唯名論的な空虚の神となり、遂には死ぬ。これに対してバルトは、神は自己固有の空間をもち、自由に行動できる神であると主張し、神の独一性と遍在性の統合を説明する。すなわち、まず生きている神は、自由に行動するために自己固有の空間をもつ。次に神は、世界の中で自由に行動するために、すべてのもののために空間を創造した。それゆえ唯一の神の空間は、諸空間を統合する。

さらにバルトは、神の遍在性は単なる抽象的な原理ではなく、むしろ神の具体的な行為として自己を表現すると主張する。例えば、意味と連続性の欠如している世界史の中にも神が遍在する事実は、次のように説明される。すなわちバルトは、世界史全体を山脈として捉え、そして神の愛の表現である神の特別の臨在と救いの働きを、神の普遍的臨在である山裾《やますそ》から雲海を通して現れる諸峰として捉える。諸峰が存在することにより、雲海の中に隠れている山脈と裾野（平野）の存在を認識できるように、われわれは、神の特別な臨在（出来事）に基づいて、神の普遍的な臨在（遍在）を知ることができるのである。この事実は、自己の懐（原歴史）の中に世界史を包み込む神が、世界史の中に生起するキリストの出来事（原歴史）として自己を啓示する事実に対応する。

それはさておき、神の独一性と遍在性の統合は、一と多の統合と同様に、神の完全性、現実性、実在性の証左である。そして唯一の神が自由の神を指示するとすれば、遍在の神はすべての者を愛する神を指示するのである。

さらに神の自由の完全性は、神の永遠性と神の栄光の統合として現れる。すなわち、時間と歴史を超越する自由をもつにも拘らず、歴史と無関係ではなく、われわれによって讃美される神こそ、完全な神であり、真に実在する神である。

もし永遠が神の内的自由の形式的原理であるとすれば、時間は外的世界に対する神の自由の形式的原理である。それゆえ完全な自由をもつ神は、停止と流れ、永遠と時間を統合することにより、自己の実在性と現実性を証明する。換言すると、神の時間は神の永遠の中にすでに存在している。神の中では、始元と継続と終末は、特異な現在を形成し、流れと停止を統合する。事実、永遠の時間性は、先時間性、超時間性、後時間性であり、永遠（原歴史）は時間をすべての側から包む。この永遠と時間、原歴史と歴史を統合する神こそ、完全な自由をもつ神であり、真に実在する神である。

永遠の神は、至高の神であり、栄光の神である。この神の栄光は、すべてのものを貫き通す光であり、この光の前では何事も隠れることができない。それゆえ神は、深淵によって隔てられている人間との距離を克服して、人間と交わりをもつことができるのである。もしキリストの受肉が暗闇を照らす光として、救済史の始元であるとすれば、神の栄光は救済史の終点である。この救済史において、キリストは神の栄光の永遠の原型であるとともに、神と人間の交わりの原型でもある。このキリストの出来事によって、神との交わりの中に取り入れられた人間は、感謝と讃美を神にささげるのである。

以上、神の自由の完全性について概観して来たが、バルトは歴史とその存在根拠である原歴史を統合する神の現実性に最大の関心を払う。ところがバルトは、歴史はその根拠（原歴史）を神のうちにもつのか、救済史と神の歴史（原歴史）は全く同一であるのか、という問いに対して、確答を与えることを避ける。なぜならば、原歴史は、世界史の全過程を自己の中に包み込むと同時に、アダムとイブの創造、イエスの受肉と復活、イエスの復活後の四〇日間にわたりその弟子たちに対するイエスの顕現《けんげん》と再臨という出来事として、世界史の過程の中に生起するからである。しかしバルトは、三位一体の神の中に展開される歴史と救済史を統合する神こそ、完全に自由な神であり、真の現実性をもつと確信しているのである。

神の自己超越

さてバルトは、神の自由の完全性を、神の誠実さと神の全能の統合としても表現する。自己自身に誠実であり、しかもその誠実さを実現する力をもつ神こそ完全な神であり、真の実在性と現実性をもつからである。この枠組みにおいて、神の誠実さは、自然法則の不変性ではなく、変化の中でも自己に忠実であり、そのゆえにわれわれによって信頼されるに価する神の自己一貫性を意味する。しかも全能の神の誠実さは、自然法則の不変性よりも確実な神の具体的なあり方である。この誠実さと全能を統合する神は、自己自身に矛盾することなく、世界に秩序を与える完全に自由の神である。

完全な自由をもつ神は、常に新しいことを決断し、それを実行する。神の創造の冠が神と人間の交わり、人間と人間の交わりの創造であるように、神の啓示と和解と救済も、たしかに神と人間の正しい交わり、人間と人間の正しい交わりを追求する。しかし啓示と和解と救済は、創造の継続ではなく、創造を超越する新しい行為である。世界史の新しさは、その根拠をこの神の新しさの中にもち、この神の和解と救済の行為を通して、創造は新しい深さを獲得するのである。しかしこのような変化の中でも神は自己の不変性(誠実さ)を保持する。なぜなら神は、罪人を見放して、破滅の淵に沈める代わりに、罪人を救って交わりをもち続けるからである。この罪人との交わりは、和解と救済の歴史において確立され、創造の時には隠されていた神の自由と愛の完全性を啓示するのである。

さて正統神学と自由神学は、神固有の時間と空間を認めなかったので、神の全能を無時間的原因、無空間的原因と考え、神の全能を自然的秩序、倫理的秩序と同一視した。しかしこれでは、自然、

ヘルダー

歴史、運命、人間を神格化することに帰着する。したがってこのような神は具体的に決断して生きる神ではなく、唯名論の空虚な神となり、神の死への道を辿《たど》るのである。例えば、啓蒙主義とロマン主義は、自然の中に漲《みなぎ》る力が歴史の中に実現されるという意味で、神の全能を理解した。それゆえヘルダーやシュライアマッハーは、歴史の目的とは、自然の一部分としての人間が自然と調和を保って発展することであると、理解したのである。とすると全能の神は、有機的組織体の原理を通して、自然と歴史の中に内在化される。その結果、天と地の対立を超越する神固有の世界は崩壊し、神の権威は人間の意識と理性の中に内在化されることになる。そして眼に見えない神に対する信仰は、歴史と文明の進歩と発展に対する信仰によって置き換えられるのである。

自由神学は、世界の原理について必然性と偶然性、連続性と非連続性、法則と自由の対立だけに眼を止めたのである。その結果、神は必然性と連続性と法則の中に内在化されたのである。このような神が唯名論の神、空虚な神となり、実在性と現実性を失うのは当然なことであった。ところがバルトの神は、対立を超越して歴史と世界を支配するだけでなく、対立の中において、また対立によって歴史を支配する。それゆえ自然と歴史の秩序は、必然性と偶然性を統合する自由をもつ神の現実性の中に根差すことが明らかになるのである。

反面、神の全能は、例外的な秩序を確立することと同一視されるのではない。バルトの神の啓示は、神の懐（原歴史）の中に人間を取り入れて、人間をして、神の備えた道の終点である神の現実性を認識させることを目的とする。事実、真実在の神は、歴史を超越すると同時に歴史の目的でもある。したがって世界史の中の各時代は、子供が母の手の中に抱かれるように、永遠の神の腕（原歴史）の中に包み込まれているのである。この枠組みの中で、真の意味における神の全能は、自然や歴史の中に例外的な秩序を確立するのではなく、世界史の過程の中に生起するイエスの降誕や復活というキリストの出来事（原歴史）、つまり天と地、神と人、永遠と時間を統合する神の現実性の中に指示されるのである。

このようにバルトの神の現実性の教義を概観すると、神の自由の完全性について、バルト神学と後期シェリング哲学の間に対応（ホモロジー）が成立することが明らかになる。たしかに、バルトが三位一体の神の交わりと和解を根源的出来事とみるのに対して、後期シェリングは存在の根拠を深淵であると理解し、この点に関しては両者は異なる。しかし一と多、独一性と遍在性を神が統合すること、また神が自己固有の時間をもつこと、永遠が時間を自己の中に包みこむこと、歴史の神が自己を超越してゆく神であること、そして神の自由が神の必然性を基礎づけることなど、バルトの神と後期シェリングの神の間に相応性が見出される。これは、第二部第一章で言及したように、バルトと後期シェリングが神学とは超越と内在、自由と必然性、原歴史(超歴史)と世界史を統合するキリストの歴史(出来事)、つまり歴史の存在論を主題とすると理解するからである。正統神学の神論が「父なる神」に焦点を絞って、神の超越性、絶対性を神の本来的属性と理解するのに対して、バルトの神の現実性は三位一体の神にかかわり、特に「神の愛」の完全性はキリストの出来事について語る。このキリスト集中主義は、次章で論ずる「神の選び」の教義になると、より顕著になる。

神の選び

バルトの予定論

バルトは、そのアンセルムス書において、自己のキリスト論的方法を、神の恵みによって神の懐(原歴史)の中に包み込まれたわれわれから実在する神へ至る信仰の旅路、つまり神とわれわれの間に展開される交わりと歴史であると理解した。それゆえバルトの神は、最高存在者というよりも、むしろ道であり、歴史であり、神と人間の関係を確立する関係そのもの、神と人間の間に展開される歴史を形成する歴史そのものである。このキリスト論的方法がバルト神学の独創性を形成し、その最高の例証がバルトの予定論である。したがって、神と人間の間に展開される交わりと歴史がバルトの予定論の本質である。言いかえれば、神の選びとは、元来、人間とともにいることを願う神の意志であり、神と人間の和解と交わりを本質とする。それゆえ神の予定とは、キリストの和解の出来事と無関係な永遠の神の聖定(計画に基づく決断)ではなく、キリストにおける神の召命に対する人間の応答を包摂する。もし和解、つまり神と人間の交わりが、バルト神学の中心であるとすれば、神の選び(予定)はバルト神学の始めなのである。

使徒パウロは、その予定論で、神の恵みに応答する人間の信仰という根源的出来事について、すでに言及している。この根源的出来事が歴史を形成するので、神の選び(予定)は歴史の存在根拠なのである。したがってバルトは、予定論について古来からある誤解は歴史とその存在根拠の関係の誤解に基づくと理解する。例えば、アウグスティヌスとカルヴァンは、神の根源的出来事から抽象されたプラトンの二世界論に基づいて、永遠における神の計画という視座から世界史を理解したのである。彼らは、永遠とは先時間性(Vorzeitlichkeit)であると理解したので、歴史と時間の始まる以前にすでに決定された神の計画(予定)を歴史の存在根拠として捉え、この神の計画を実施するという形で歴史の過程を理解したのであった。したがってカルヴァンの予定論は、歴史や出来事ではなく、固定された体系、また歴史の図式や計画となったのである。

他方、トマス=アクィナスは、神の予定を神の摂理の一部分であると理解したのである。トマスにとって、摂理は自然と世界史に関わり、神の予定は人間の救いに関わるので、摂理は予定よりも広範囲の領域を覆う。しかもトマスは、特殊を普遍の中に包摂することが正しい思考の方法であると理解するので、予定論を摂理の中に包摂したのである。それゆえアウグスティヌスとトマスが歴史主義の立場を全く無視し、歴史を独断的に理解したことは言うまでもない。

換言すれば、古典的正統神学は、歴史の根拠である神を、歴史を超越する不変の理性《ラティオ》(根拠)と理解したのである。例えば、カルヴァンは、歴史の根拠を、キリストの出来事とは全く関係のない神の絶対的聖定(decretum absolutum)と理解したのである。しかし神の予定が絶対的聖定と解釈されると、予定論は宿命論に帰着する。それゆえウェスレーは、神の絶対的聖定を「恐ろしい聖定」と名づけたのである。つまりカルヴァン主義は、神と人間の根源的交わりから抽象された「選ぶ神」から出発するわけである。反面、アルミニウス主義は、神と人間の根源的交わりから同様に抽象された「選ばれた人」から出発する。アルミニウスとウェスレーは、救いを人間の主体的な信仰の中に求め、神と人間の根源的交わりから抽象された人間の信仰の応答に力点を移したのであった。

それゆえカルヴァン主義とアルミニウス主義の対立は、人間の思考の二つの根本的立場である古典哲学の実在論と近代哲学の観念論の対立に呼応する。したがってカルヴァン主義やアルミニウス主義を絶対の真理であると主張することは、神を自然の運命や人間の観念の中に閉じ込めることを意味し、正しい予定論とはいえない。なぜなら正しい予定論は、自然の運命（正統神学）と人間の観念（自由神学）の対立を止揚する神の根源的出来事に関わるからである。正しい予定論は、古典哲学の「本質と存在」の対立という枠組みを解体し再構成する神の根源的出来事、神の恵みと人間の信仰、神の呼びかけと人間の応答を統合する神の根源的出来事に関わるのである。この神の根源的出来事がバルトの予定論の核心である。そしてカルヴァン主義（神の超越）とアルミニウス主義（神の内在）を統合する神の根源的出来事が、神の自由（超越）と神の愛（内在）を統合する神の現実性に対応することは言うまでもない。

それゆえバルトが、天の神の絶対的聖定の代わりに、キリストの出来事を予定論と歴史の存在論の核心として捉えたことは、神学史上、画期的な解釈であったが、バルト神学の内的構造に則した当然の結論であった。バルトの予定論は、選ぶ神であると同時に、選ばれる人間であるキリスト＝イエスの現実性から出発する。しかもバルトは、古典神学のキリスト論における神性と人性の実体的統合（unio hypostatica）を神の行為と人間の行為の統合として捉え直したのである。そしてこれがバルトの予定論に呼応することは言うまでもない。

予定論と歴史の存在論

詳言すると、キリストの出来事は、神の呼びかけと人間の応答の間に展開される根源的歴史である。それゆえキリストの出来事と同定される神の予定も同様に永遠の出来事であり、歴史である。つまり神の召命と人間の応答に基づいて展開される救済史の存在根拠（存在論的理性）である神の予定は、歴史の図式ではなく、三位一体の神の中に生起する出会い、交わり、歴史なのである。したがって神の予定は出来事であり、神の予定において不変なものといえば、すべてのものの始元が歴史、出会い、決断ということなのである。

古典神学の聖定は、生命に溢れた神の歴史の出来事を、生命のない無時間的な神の計画に変えてしまった。しかし三位一体の神の交わりは、歴史の根拠である原歴史であり、神の予定と和解と救済と終末を統合し、時間と永遠を統合する。その上、永遠の神の予定の対象と内容は、一人の選ばれた人間、つまりナザレのイエスである。したがって地上のイエスの中で生起した出来事は、単なる時間的、歴史的事件ではなく、神の永遠の意志の実現、つまり原歴史であり、歴史の存在根拠なのである。

古典神学は、キリストによる和解と神の予定の間に、神と人間の異なる出会いを見出した。ところがバルトは、キリストの出来事を三位一体の神の中に包摂して、キリストによる和解と神の予定の同一性を確保したのである。カルヴァンの絶対的聖定は、歴史の非歴史的図式、つまり生命と時間とに無関係な図式であるが、バルトの予定論は歴史の生ける主であるキリストに根差すのである。

救いと滅び

さて古典的正統神学は、人間は生まれる以前の永遠の昔から、救われる者と滅びる者に分けられているという意味での二重の予定論を主張した。これは予定論を歴史の形而上学と理解したことの当然の結果であった。この枠組みの中では、すべての人間は救いに定められているという万人救済論を取るか、特定の人間だけが救いに定められているという限定救済論を取るかの二つの選択しか許されない。そして限定救済論が正統教義となったが、これが宿命論に帰着するのは言うまでもない。

この問題を解決するために、バルトは、古典神学の二重の予定論を、裁く神が同時に裁かれる人間であるという形で、キリストの神性と人性の関係の中に還元する。キリストは、罪人の代わりに十字架にかけられて、滅びに定められた。しかしキリストは、復活することによって、信ずる者すべての救いを人間のために確保したのである。実にキリストは、選ぶ神であるとともに選ばれる人間である。

恵みが根源的枠組みであり、その恵みの担い手であるキリストが罪に定められて裁かれ、そして復活して救われたのである。それゆえ救いと滅びの対立は、究極的な対立ではなく、存在論的和解という根源的出来事から抽象された地平における第二次的な対立となる。この事実は、人間の本来的あり方が交わり、契約、和解であり、孤独と滅びが人間の非本来的あり方である事実に対応する。人間は、交わりの中で自己を疎外する傾向をもつが、この事実は人間が救われた罪人である事実に対応するのである。

人間が救われた罪人であること、すなわち人間が救いと滅びの両極に明確に分離されていない事実の説明として、バルトはイスラエルと教会の関係に言及する。イスラエルは救いに反抗する人間を代表し、教会は救いに参与する人間を代表する。しかし怒り（裁き）の中に隠れている神は、人間に対して恵み深く、イスラエルの終焉《しゅうえん》において、否定（滅び）の代わりに肯定し、教会（救い）を設立する。それゆえ選びの目的は、イスラエル（滅び）と教会（救い）の統合である。つまりイスラエル（滅び）と教会（救い）は救いの歴史における両極を形成するのである。

選ばれた者と棄てられた者は、両者の対立にも拘らず、兄弟であり、交わりの中に存在する。これら両極の出会いと分離、また統合は、世界史において、いつも繰り返されるのである。両者は対立しているが、相互の機能を交換することによって、緊密に結び合わされている。それゆえ切り棄てられた者は全く拒絶されたのではなく、神の契約に積極的に関わっているのである。選ばれた者と棄てられた者は、両者の相違にも拘らず、交わりの中に生きているのである。

さらに同一の人物の中にも救いと滅びの二極がある。ダビデはヨナタン（救い）とサウル（滅び）の両極をもち、その罪においてはサウルに近いが、罪の悔い改めにおいてはヨナタンに近く、回心して神の恵みに参与する。また真の預言者と偽りの預言者、善なる王と邪悪な王の対立は、神の恵みによって克服される。この神の恵みの勝利こそ揺ぎない神の意志であり、この視座からわれわれは、滅びに定められた者と救いに定められた者の両者にまたがる契約の虹を確認することができるのである。

神の呼びかけと人間の応答　しかもこの契約の虹は、選ばれた者と棄てられた者の両者に対する中立的な観測点ではなく、神の呼びかけと人間の応答の間に展開される歴史である。それゆえ神の歴史とキリストの歴史と教会の歴史を統合する契約の虹そのものが、神の召命に対する人間の応答の出来事として生起するのである。反面、われわれが神の恵みの対象として受動的なあり方にとどまり、神の栄光に主体的に参与しないならば、われわれは真の歴史、すなわち和解と救済の歴史を創り出すことはできないし、契約の虹も消え失せるのである。

換言すれば、キリストが人間を信仰へ導くということは、神の歴史（存在）を世界史の中で繰り返すことを目的とする。そしてわれわれがキリストの呼びかけに応答することは、神の歴史を世界史の中で繰り返すことを意味し、これがリバイバルである。それゆえ神の予定は、信仰の決断を排除するのではなく、逆に確立する。しかも神の予定（歴史）と人間の信仰（歴史）を統合するのは、単なる形式や体系ではなく、聖霊の働き、つまり生命に溢れる具体的な歴史である。すなわち、神の歴史と人間の歴史を統合する「比較の第三項」は、歴史そのもの、出来事そのものである。この歴史の比論から一要因だけを取り出し、それだけを考察する正統神学や歴史主義の立場は、救済史を理解するのに相応しくない。そして神と人間の交わりと歴史を離れては、予定論は無意味になるのである。同様に、この歴史の外に立って、単なる傍観者となるならば、われわれは何も見ることはできないし、何も知ることもできない。

バルトの歴史の存在根拠は、神の予定であり、神の予定は、神の決断、愛、交わりを本質とする。神の予定は、三位一体の神の内部の栄光、愛、交わりの横溢、つまり神の内的行為と内的存在の横溢に根差しているのである。しかしこれは万人救済論を意味するのではない。なぜなら神の決断、愛、交わりは、人間の喜び、感謝、交わりという形で、われわれから実存的応答を要求するからである。この人間からの応答がなければ、神の歴史と人間の歴史の間に歴史の比論は成立しないし、真の歴史は形成されず、神の予定は実現されない。しかし神の呼びかけにわれわれが応答するとしても、これは神と人間が同等の立場で協力することを意味しない。むしろ神の懐（原歴史）の中に包み込まれて初めて、われわれは神の呼びかけに応答する力を与えられるのである。われわれが神の呼びかけに応答することは、まずわれわれがキリストの人性の中に取り入れられ、究極的には三位一体の神の交わりの中に取り入れられることを意味する。そしてわれわれが神の中に取り入れられることは、逆に神の歴史を世界史の中に実現することを意味する。こうしてわれわれが、神の呼びかけに応答する時、真の歴史が形成され、神の意志は地上に実現される。そしてこれがバルトの予定論の本質であることは言うまでもない。

神学的倫理学

すでに言及したように、バルトは、パウロの手紙にならって、神学各論の結論として、当該各論固有の倫理学について論ずる。これはキリスト教神学と歴史の存在論が理論と実践の統合を本質とするからである。なぜなら実践なくして神学は空虚であり、実践なくして歴史は形成されないからである。特に予定論はバルト神学の核心に関わり、神論と予定論は歴史の根拠についての考察を含むので、バルトは神論と予定論の結論として、一般倫理学、倫理学基礎論について詳論する。

イスラエルの神は歴史の中に介入してくる神であり、神と人間の出会いを通して、自己を啓示する神である。この神の呼びかけに人間が応答する時、神の救いの出来事が生起し、真の歴史が形成される。それゆえ神の救いの出来事と真の歴史は、神の行為と本質を啓示すると同時に、神の恵みに応答する人間の倫理的行為をも指示する。

しかしイスラエルの民が、神の根源的な出来事の中から、神によって啓示された律法や祭式、つまり典型を抽出《ちゅうしゅつ》し、これらを意図的に繰り返すことによって、自己の同一性を確立し更新したことも事実である。事実、パリサイ主義は、神の根源的な行為から眼をそらし、伝統的な祭式と律法を繰り返す人間の義務と倫理的責任を強調したのである。そして正統神学がパリサイ主義、律法主義の傾向をもつことも否定できない。

さて自由神学が正統神学の超越神を人間の理性と感情の中に内在化した時、その真意は人間を神の理想的あり方にまで引き上げることであった。しかし現実には、罪人である人間は倫理規範にしたがって生きることは困難であり、人間の自由意志は恣意に転落する傾向をもつ。また正統神学においても、伝統的な規範(他律)を固守することが人間の恣意を矯正するという積極的な意味と力を失い、伝統的な典型は形骸《けいがい》化する傾向をもったのである。このように空虚となった人間の自由意志(自律)と伝統的な規範(他律)を救うものが、神の恵みの出来事であり、これがバルトの予定論と一般倫理学が語る世界なのである。

倫理とは元来、人間のあり方と生き方に関わり、特にカントの倫理学は人間の行為の規範や義務について論じた。しかしバルトは、人間の倫理を、神の恵みに対する人間の応答の行為の中に位置づけたのである。このような根源的視座からみれば、律法とは、人間の行為の規範や義務を叙述するものではなく、神の恵みに応答する人間のあり方を記述するものとなる。ところが神の恵みの高嶺から転落して恣意によって支配されている人間にとっては、神の律法は人間の行為を強制する規範と映るのである。しかしこのような行為の規範は、人間の生き方を完全に変える力をもたない。なぜならわれわれは規範にしたがうべきことは十分に知っていても、それを実行できない罪人であるからである。

他方、モーセの十誡やイエスの山上の垂訓《すいくん》は、人間が行うべき義務を記述しているのではない。むしろこれらは、モーセの指揮下にエジプトを脱出した人々、またイエスの許に集まった人々の実際の生活態度、現実の生き方を記述したものである。モーセの十誡や山上の説教は、神の恵みに応答して生きている人々の具体的なあり方の記述なのである。したがって神の恵みに答えて生きている人々は、神の律法にしたがって生活する義務を意図的に自分に課さなくとも、巧《たく》まずして神の律法を実現しているわけである。この意味で、恵みは律法の内核であり、律法は恵みの外核、つまり恵みの形式的な表現なのである。

創造と人間

契約と創造

バルトによれば、神の予定は神の根源的決断であり、この決断に基づいて神は世界と人間を創造し、人間と契約を結んだ。それゆえ神の予定は創造と摂理の存在根拠なのである。バルトは、この予定（契約）と創造の関係を「契約は創造の内的根拠であり、創造は契約の外的根拠である」という古典的な言葉で表現する。反面、古典神学は、神と世界、神論と創造論を、神学の根本的枠組みとして理解した。したがって古典神学は、神の啓示の出来事を抜きにして、神の存在と世界の創造について論ずることができ、これが霊魂の不死と相俟《ま》って、古典的形而上学の三大問題を形成したのである。そして古典神学はこの創造の枠組みの中でだけ、人間の堕落と和解と救済の歴史を考察したのである。

ところがバルトにとって、自然は、人間を抜きにしては、沈黙しており、自己の神秘を開示しない。その上、人間は罪と救いによって性格づけられているので、啓示と和解と救済が自然と人間を理解する根本的枠組みとなる。それゆえバルトは、神の啓示と和解を抜きにしては、神の存在と世界の創造について論ずることもできないと主張する。これが、バルトがアンセルムス書で明らかにした真理である。すなわち、神の啓示、和解、救済が根源的出来事であり、原歴史を形成する。この原歴史は、アダムとイブの創造、キリストの受肉と復活、キリストの復活後四〇日間にわたる弟子たちへの顕現《けんげん》と昇天と再臨を含み、世界史の方向を決定する。反面、創造は契約の外的根拠であり、救済史の実現の舞台となるが、神の啓示と人間の信仰を抜きにしては理解されず、秘密に満ちた自己を閉ざしているのである。

バルトは三位一体の神の交わりを創造の存在根拠と理解するが、この存在根拠が創造の歴史の中に出来事として生起したのが、創造の冠であるアダムとイブの創造である。夫と妻の交わりは、神と人間の契約と和解の予型であり、神は、アダムとイブの創造において、キリストの受肉におけると同様に、神自身の完全な本質を歴史の中に繰り返したのである。したがってアダムとイブの創造は、創造の歴史の最後の行為であると同時に、契約の歴史の最初の行為であり、創造と契約を統合する神の根源的出来事である。創造と和解の本質は交わりであり、創造の歴史は契約の歴史の根を隠し、時間的には創造は契約に先行するが、本質的には契約と和解が創造に先行する。

こうしてバルトは歴史とその根拠の関係を、地と天の関係から、歴史における時間的な前後の関係へと移行させ、また創造と和解の関係を同心円の外核と内核の関係から、時間における前後の関係へ移行させる。それゆえ創造の歴史は救済において頂点に到達する。バルトは、正統神学のように、歴史を超越する無時間的＝形而上学的神を、歴史の存在根拠とは考えない。むしろバルトの神は、自己の懐（原歴史）の中に世界史の全過程を包み込むとともに、キリストの出来事（原歴史）として世界史の過程の中に生起する。そしてこの神が歴史の根拠なのである。

歴史の根拠としての和解

この原歴史、つまりキリストの受肉と復活と再臨は、神と人間の和解を完成し、世界史を完成に導く。それゆえ、世界史の完成は、人間の努力だけによって達成されるのではなく、世界史の中に介入してくる神によって完成される面をもつわけである。たしかに自由神学者シュライアマッハーも、和解と救済を創造の冠と理解した。しかしシュライアマッハーは、和解と救済は、文化が進歩するにつれて、歴史の過程の中に徐々に実現されると考えたのである。これは進化論と歴史主義に基づく歴史の理解であり、歴史の領域の中に歴史の発展の因果関係の発見を試みる内在主義である。つまりシュライアマッハーは、和解を歴史の存在根拠とは考えず、神の介入によって歴史が完成するとも考えなかったのである。

シュライアマッハー

　ところがバルトにとって、神の和解と救済の出来事は、たしかに創造の舞台の上に展開される歴史であるが、創造の存在根拠（根）なのである。我と汝の交わりは、たしかに創造の舞台の上で実現されるが、実は、創造の根（存在根拠）であるとともに創造の冠（目的）なのである。神は創造の業を完成して七日目に休んだが、これは神と人間の交わりのために聖別された日曜日に、三位一体の神の交わりを世界史の中で繰り返すためであった。神は、アダムとイブの交わりの創造によって、創造の歴史を神の歴史の一部分としたのである。こうして神は、自己の内的生命と外的行為の同一性を保持するが、この神の内と外の統合が神の現実性であり、この内と外の統合の中に存在する神が真に実在する神なのである。

人間と歴史の存在構造

バルトはキリスト集中主義をその神学方法論とするので、当然、人間をもキリスト論の視座から考察する。しかもバルトは、キリストを「神我らとともにいます」（インマヌエル）という出来事として理解するので、人間の本質を神と人間の間に展開される歴史の視座から考察する。これは、神と人間の間に展開される歴史が人間の本質を形成し、神の歴史に参与する人間のあり方が人間の本質を決定することを意味する。

すでに言及したように、真の歴史は、人間が神との交わりの中で自己を超越することによって形成される。これを逆の側から考察すると、真の歴史は、神の側から人間に対して生起する出来事によって形成され、人間の本質も神の側から生起する出来事によって形成されるのである。したがって虚無の脅威を克服する真に実在する人間、真の人間、真実に生きている人間（wirklicher Mensch）

は、虚無を克服する真に実在する歴史、真の歴史、真実の世界を創造する歴史(wirkliche Geschichte)に参与し、神との交わりの中で自己を超越する行為の中だけに存在する。つまり神が真の歴史を創造する場所だけに、真の人間は存在するのである。換言すれば、第八章「神の選び」の「神の呼びかけと人間の応答」の項で言及したように、キリストによって和解され救済された人間、そしてそのゆえに喜びと愛と感謝に溢れて神を讃美し神の意志を実現する人間が、真に実在する人間、真実に生きている人間であり、真に実在する歴史の形成に参与するのである。

キリスト教会内の言葉で表現すれば、真に実在する人間とは、自己の罪を悔い改めて生まれ変わった人間、「二度生まれた人間」のことである。そして真に実在する神が人間の作った狭《せま》い枠組みという牢獄の中に閉じ込められない自由と愛の神であるように、真に実在する人間とは、単に実在する人間のあり方を超越する神のあり方である自由と愛に参与するあり方をする人間である。そしてこの真に実在する人間こそ、生まれつきのままの人間を呑み込む虚無を克服することができるのである。

さてバルトは歴史の根拠(原歴史)を、歴史を超越する神から歴史の中に生起したキリストの出来事へと移行させた。この事実に呼応してバルトは、神と人間の関係を、天の神と地上の人間の関係から地上におけるキリストと人間の関係へと移行させる。人間と歴史の存在根拠は、キリストの出来事として世界史の中に生起するので、人間と歴史の構造はキリストの出来事によって決定される。

人間と歴史の普遍的な存在構造は、人間イエスが隣人として存在するという特殊な事実によって決定されるのである。

真の人間と影の人間

不信仰の者にとっては、イエスは一人の人間としてわれわれの間に存在しているに過ぎない。しかしキリスト者にとっては、キリストは人間一般の存在根拠となる。なぜならキリストの出来事は、自己の殻の中に閉じこもる傾向をもつ人間を、神に仕える人間に変えるからである。バルトによれば、このように神と隣人に仕え、神の歴史の形成に参与する人間が、虚無の脅威を克服する真に実在する人間、現実に生きている人間（wirklicher Mensch）である。逆に、神と隣人に仕えず、神の歴史の形成に参与しない人間は、空虚な人間、影（Schatten）の人間に過ぎない。ここで、バルトはプラトンの洞窟の比喩に出てくる影の世界と実在する世界の対比に言及していると思われる。またプラトンの線分の比喩によれば、世論にしたがって生きている人間は、他人の意見を模倣している影のような存在にすぎない。このような人間は空虚な生き方をしているからである。これに対して、神と隣人のために生きている人間だけが、真に実在している人間、現実に生きている人間なのである。*

しかも人間は、特殊な事実であるキリストの出来事を通して、神のために生きる人間となる。キリストとの出会いという特殊な出来事が、真に本来的な人間の普遍的な本質を決定するわけである。

そしてこの事実が、バルトの予定論と歴史の存在論の構造に対応することは言うまでもない。

さて人間の究極的目的は、神と隣人の「ために生きること」(Fürsein)であるが、その出発点は、イエス(隣人)との「共存」(Mitsein)である。人間は夫と妻、我と汝の交わりの中で、隣人のために生きる存在となるように神によって創造されたが、これは、神が三位一体の交わりを人間の交わりの中で繰り返すためである。それゆえわれわれが隣人のために生きる時、われわれは、交わりの中に存在する三位一体の「神の像(姿)」となるのである。

換言すれば、われわれがイエス(隣人)と「ともに存在する」人間からイエス(隣人)の「ために存在する」人間に変えられ、神の歴史の形成に参与するとき、「真に実在する人間」「本来的人間」が出来事として生起し、神の像が形成されるのである。しかもわれわれが隣人のために生きる存在となるためには、われわれはまずイエスによってわれわれの生き方を変えられなければならない。これがキリストの出来事の意味である。神の像(姿)は、人間という実体に固有な属性(例えば理性)ではなく、キリストの出来事によって常に新たに形成される神と人間の関係なのである。そしてこれが神と人間の間に成立するバルトの関係の比論、信仰の比論の核心であることは言うまでもない。

＊　私は、wirklicher Mensch を「真に実在する人間」と訳したが、真に実在する人間とは、無為に生きる空虚な人間とは反対に、真に実在する神つまり神の現実性に相応しく生きる人間のことである。神は自由と愛、聖と恵み、憐みと正義、忍耐と知恵を統合するので、真に実在する。同様に神の歴史の

形成に参与する人間も、神のあり方に呼応して、自己を超越して生きているのであり、無意味に生きている空虚な人間、つまり単に実在している人間に対して、神の現実性に相応しく生きている人間、真の意味で実在している人間なのである。

閉存から開存へ

人間は、孤独の自我として自己中心的に生きる存在ではない。むしろ人間イエスが隣人であることが、人間の本質を形成するのである。それゆえわれわれは、神との交わり、イエスとの交わりの背後に人間の本質を求むべきではない。すなわち人間はまず独りで存在し、時には神との交わりの中に取り入れられ、また孤独の存在に戻ると考えるべきではない。なぜなら孤独の存在が不変の状態（Zustand）であり、その特殊の様態（あり方）だけが神との交わりによって影響されると考えることは、人間の本質、人間の根本構造そのものを変えるキリストの出来事を理解するのに相応しくない思考形式であるからである。

詳言すると、神と人間の出会いは、神が人間の堅い殻を打ち破るとき、真の意味で生起する。これは、他者に対して自己を閉じている人間を、他者に対して自己を開く人間に変えることであり、古来の思考形式の殻を打ち破ることを意味する。古来、哲学は見ることを本質とするが、この場合、人間は自己の中にとどまっているわけである。ところが、他者の言葉に聴従《ちょうじゅう》することは、自己の中心を他者に明け渡すことであり、他者の言葉が自己の存在根拠となることである。これがキリストの出来事の本質であることは言うまでもない。反面、見る立場を堅持する傍観者と対象の間には、真の出会いは生起せず、われわれは影の人間、空虚な人間にとどまるのである。

われわれがイエス(隣人)のために生きるということは、閉ざされた心が聖書の言葉によって開かれて、神の言葉がわれわれの心を占領することである。これが神の言葉によって呼び出されることであり、創造の真の意味である。ところがアダムの堕落により、われわれは自閉的な影の人間に転落したのである。神の言葉は、この空虚な人間、非本来的人間を再び真に実在する人間、本来的人間に変え、神との交わりの中に呼び出すのである。そして神によって呼び出される時、われわれは自己を超越し、神の歴史の形成に参与するのであるが、これが正統神学の「生まれかわること」「新たに生まれること」の核心である。

キリスト論と人間論

さてキリストの神性はキリストが神のために存在することであり、キリストの人性はキリストが人間のために存在することである。これが真の神にして真の人間であるキリストの存在の意味である。このキリストの神性と人性の間に本質的な対応を成立させる「比較の第三項」は、三位一体の神の交わりである。この交わりの視座から、バルトは古典神学が堅持するキリストの神性と人性の実体的統合(unio hypostatica)を神性と人性の関係の統合(unio relationis)、神性と人性の行為の統合によって置き換える。人間イエスは、隣人のために存在することによって、三位一体の神の内的存在を繰り返し、神のために存在する自己を確認する。この事実に呼応して、真に実在する歴史、本来的歴史は、三位一体の神の交わりを繰り返すことを本質とするのである。

他方、人間は、被造物であるから、神から出て究極的には神へ戻る存在であるが、自己中心的に生きる存在でもある。また人間は他者と「ともに」(mit) 存在するにすぎない場合もあるが、イエスは神と隣人の「ために」(für) 存在する。したがって人間イエスの本質から人間一般の本質を直接に導き出すことはできない。

イエスは神と隣人のために存在するので、真に実在する人間である。ところがわれわれは、被造物である上に罪人なので、自己中心的に生き、隣人のために生きない空虚な人間、影の人間、非本来的人間にとどまる場合もある。それにも拘らず、イエスとわれわれに共通する存在形式は、われわれが孤独の存在ではなく、隣人と共存するために創造された事実である。たしかに罪人は、他人を自己のために利用することによって、空虚な人間となるが、神と和解した者は他者のために生きることにより、真に実在する人間となる。これが人間の神秘であり、この神秘を否定することは、被造物、罪人、救済された者としての人間の連続性を否定することである。そしてこの人間の神秘が隠蔽と啓示を統合する神の神秘に対応することは、言うまでもない。さらにこの人間の二極性が、救いと滅びの二極を統合する神の救いの予定によって支えられていることも言うまでもない。

人間の存在根拠は

詳言すると、キリスト論と人間論の関係における最大の問題点は、イエスの人性が人間の存在根拠であるのか、あるいは、イエスの存在を抜きにして、三位一体の神が人間の存在根拠であるのかという問題である。創造主である神は、三位一体の神であるから、他者との共存という人間の存在構造を決定した。この限り、三位一体の神は人間の存在根拠である。しかし人間が、自己の存在が隣人のための存在であることを自覚することは、人間の自由に委ねられたのである。ここにも人間の神秘がある。しかもこの人間の自由は神の自由の恵みに呼応するので、ここでも神の神秘と人間の神秘は対応するわけである。

換言すれば、人間の現象面は曖昧《あいまい》で、現実に生きている人間、真に実在する人間を指示したり、影の人間、空虚な人間を指示したりする。例えば、愛し合う者は他者のために生きるが、罪人は利己的に存在し、他者を自己のために利用する。したがってキリストの救いの出来事が特別に生起して、他者のために生きる存在が啓示されなければ、人間は自己の本当の姿を自覚することができず、真の人間となることもできない。この意味で、キリストは真の人間の存在根拠なのである。

すでに言及したように、自由神学は、進化論的思考、目的論的思考に基づいて、人間が神と隣人のために存在すること（和解と救済）を隣人との共存（創造）の冠であると考えた。ところがバルトは、隣人のために生きることは、創造の冠だけでなく、創造の根拠でもあると主張する。それゆえバルトは、隣人のために生きるイエスのあり方が偶然的ではなく、存在論的であると語るのである。

さらにバルトは喜びを人間の本質とみるが、これは喜んで隣人に仕えることが人間の冠だけでなく、人間の根拠でもあることを指示するのである。つまり具体的に喜びに溢れて生きることがキリストの出来事（原歴史）の実現であり、このキリストの出来事が歴史全体を自己の中に包摂する原歴史として、人間の存在根拠なのである。したがって、喜びと感謝のない人間は、人間であることを失格し、実在する人間から空虚な人間へと転落するのである。

哲学的人間学と神学的人間学　最後に、古来から人間学の主題となっている心身関係について、バルトの見解を見ておこう。まず唯物論は、人間の魂を否定するので、人間を主体をもたない事物に還元する。反対に観念論は、人間の身体を無視し、事物や他者を自己の中に吸収する。自我に対立し抵抗する事物や他者の存在を空虚とみるわけである。つまり唯物論と観念論は、それぞれ人間の身体と人間の精神という枠組みの中に人間を拘束するので、内在主義の立場を取るのである。

これに対して実存哲学は、たしかに人間の歴史性と超越性について語る。しかしバルトによると、実存哲学は、神と人間、汝と我の歴史的出会いを前提としないので、その自己超越は超越神へと自己を超越するのではなく、人間自身の超越性、歴史性について語るにすぎない。それゆえ究極的には、実存哲学も内在主義に帰着する。したがって、罪によって人間存在の深みにまで喰い込んだ裂け目は、神と人間の交わりによってのみ癒《いや》されるという事実については、実存哲学は何も語ることができないのである。

他方、バルトの人間は、他者の存在を前提とし、真の自己超越を我と汝の交わりの中だけに見出す。しかも我と汝の交わりは、精神と身体を統合した主体同士の出会いを前提とするので、自己超越は文字通り、自己の外へ踏み出すことを意味する。この交わりの枠組みの中で、聖霊は人間の身体と精神を統合し、人間を真の主体として確立する。しかも聖霊は、他者との交わりにおいて、人間が自己の外に（extra se）脱自的に存在するように、人間を構成する。それゆえ聖霊は人間の真の存在根拠となるのである。

ところが、近代神学は、聖霊についての理解に欠け、人間の身体と精神を統合するものが、神の働きであることを見逃したのである。自由神学は、人間の自己超越が神によって確立される事実については無知であり、キリストの出来事を人間の内的な宗教体験に還元したのである。

さて人間が脱自的に自己を超越することについては、後期ハイデガーもその開存（Ek-sistenz）の概念によって説く。バーゼル大学におけるバルトの後任教授ハインリッヒ＝オットが示唆するように、後期ハイデガーはバルトの立場にかなり近づく。例えば、バルトの神がキリストによる啓示の出来事であると同時に三位一体の神の中の出来事であるのに対し、ハイデガーの存在は開示の出来事である。またバルトのキリストの出来事と啓示が、神の呼びかけと人間の応答を両極にもつ神の星座を形成するように、ハイデガーの存在も呼びかけという存在と応答という人間を両極にもつ存在の星座を形成する。したがって両者の間にホモロジー（対応）ないしアナロジー（比論）が成立することは疑いえない事実であろう。

和　解

和解の本質

キリストの十字架上の死によって実現された神と人間の和解は、キリスト教の中心を形成し、否定と肯定の統合はキリスト教の真理を形成する。バルトにとっても同様に、神と人間の和解は、まず神の姿であったキリストが、「自分を卑しくして十字架の死にまでもしたがった」（ピリピ二章六―八節）神の自己卑下の歴史を形成する。神はこの自己謙虚のゆえに、天から地への旅、遠い異国への旅に出たのである。しかもキリストは自己と罪人を同一視し、罪人の代わりに裁かれることによって、神と人間の和解を成就したのである。それゆえ悪の力を克服するキリストの主権は、その反対の極、すなわち苦難の僕《しもべ》であるキリストの十字架上の死の中に見出される。ここでも神は相反する二極の統合の中に実在し、これが神の現実性を形成するのである。

神の自己否定の行為、つまり神の受肉は、神にとって異質の行為ではない。神の自己卑下の行為である神の受肉は、神の自由と愛の行為であり、その反対の極である神の権威、全能、遍在、栄光を啓示する。キリストの自己謙虚と受肉は、キリストの高挙（昇天）と復活に対して相補的な行為であり、神の本質に矛盾せず、栄光に満ちた行為なのである。また神は自己固有の空間をもち、自由

ドレスデンを訪問したカール=バルト

に行為する主体であるから、神の中に天地、上下の空間的距離があることと、神がこの距離を克服する主体であることは、神の本性と矛盾しない。至高の天の主権者である神は、同時に十字架上で死に、地下の死者の国にまで落とされた謙虚で従順な僕でもあったのである。

　したがってキリストが、罪と滅びの中にいる人間の身代わりになるために、僕の道を選んだのは、実はキリストの神性を啓示するためであった。「なぜ神は人間となったか」（Cur Deus homo）、それは、神の栄光を現し、世の罪を裁き、人間を救い、人間の死に生命を接木するためであった。神は、人間の代わりに人間に対する神の裁きを神自身の上に引き受けるために、キリストにおいて受肉したのである。

　われわれの罪のために身代わりとなったキリストの行為によって、神とわれわれの和解は成就する。そしてキリストの死と復活は、人間によって破壊された神と世界の関係、神と人間の契約を回復する。キリストの受苦は、まず客観的な罪の力を打ち砕き、その結果として人間の主観的な罪の意識から人間を解放するわけである。神は、キリストにおいて人間の罪を自己の上に負うことによって、自己を正しいとみる人間の高ぶりを砕くとともに、人間に真の自由と希望を与えたのである。最後に、バルトは和解論おいても、アンセルムスと同様に、神の行為である和解が神の本質つまり根源的出来事に根差すことを強調する。まず和解は、永遠の昔、三位一体の神の中に成就された出来事である。次に、この神の中の出来事である存在論的和解（opera Dei ad intra）がこの世において歴史的出来事（opera Dei ad extra）となったのが、キリストの受肉、死、復活である。この神の内と外の統合が神の現実性であり、神の存在と神の行為、キリストの人格とキリストの働き、キリストの受肉と復活は、分離することができない。

救済史と世界史

バルトは、神と和解した人間が自己を超越し、神の働きに参与するとき、虚無を克服し、真に実在する歴史、本来的歴史を形成すると主張する。この枠組みの中でイエス=キリストの生涯は、「私はあなたがたの神となり、あなたがたは私の民となる」という神の約束を成就する。この言葉の中で、「私はあなたがたの神となる」という神の約束は、罪人の義認の宣言であり、「あなたがたは私の民となる」という神の約束は、キリスト者の聖化と召命の宣言である。この神による義認、召命、聖化に対して、人間の信仰、希望、愛が呼応し、ここに虚無を克服する真の歴史が形成される。したがって神学と歴史の主題は、孤立した神でも孤立した人間でもなく、孤立した主観的要素でも孤立した客観的要素でもなく、神によって確立された神と人間の和解と交わりである。

正統神学は、人間の創造、堕落（罪）、和解、救済を、永遠の昔に決定された神の計画の歴史的な実施という形で理解した。それゆえ正統神学は、歴史の過程の中で順次に生起した一連の事件という形で、救済史を捉えたのである。ところがバルトは、救済史の中に生起した神の出来事（原歴史）は、母の懐に抱かれた子供のように、三位一体の神の中に生起した存在論的和解という根源的出来事（原歴史）と直接の同一性を保持すると理解する。これは、創造、堕落、摂理、救済、終末という各教義を歴史の根拠である和解と選び（予定）の教義の各局面という形で理解することを意味する。

さて、現代の工業社会は、神の創造を「人間が利己的な目的のために利用する自然」という概念に変えたのである。このような自然は、神の摂理の下になく人間の支配の下にあり、このような現代の精神状況が「神の死」と無神論を生みだしたのである。ところがバルトは、歴史の舞台となる創造は神の予定と和解の根源的出来事に根差していると主張する。この創造の根拠である和解は、世界史の中に救済史として自己を実現し、世界史を総括する。この意味で、神の和解と予定は、神の創造と摂理の原型なのである。したがって創造は、神の恵みに対して中立的な自然ではなく、神の和解を反映する。また世界史の中に生起した救済史は、世界史を貫通する一本の赤い糸ではない。むしろ救済史は原歴史として、自己の懐の中に世界史を包み込むので、世界史と摂理は救済史と予定を反映し例証するのである。

それゆえ創造、歴史、和解、終末の間を移行することは、「他の領域への移行」という誤謬を犯すことにはならない。さらに世界史の意味と中心は、契約と救済史の中に見出されるので、世界史は全く混乱しているのでもなく、また自律的に動いているのでもない。むしろ厳密な意味においては、救済史と世界史の区別はない。事実、世界史は、救済史が認められないところでも、創造から出て、和解を経て、終末へと動くのである。この意味で、和解は世界史の中に隠れ、救済史の中に現れるのである。

これに対して、近世の契約神学の創始者であるコッケイウスは、救済史と世界史を分離し、福音と文化を切断した。その結果、救済史は世界史の存在根拠ではなくなり、世界史の中に生起する一連の事件に格下げされたのであった。これが神学的歴史主義の辿る運命であったことは言うまでもない。他方、現代北欧の神学者レギン゠プレンターは、和解と創造の統合は、信仰の中、天国においてのみ可能になると主張する。ところがバルトにとって信仰とは神の言葉をこの世の中で実行することであり、神の歴史を世界史の中に実現することである。つまり神の予定と摂理は、神の召命に対する人間の実存的な応答を包摂する。そして世界史は、われわれが神の呼びかけに応答することによって、空虚な歴史、影の歴史から真の歴史、実在する歴史へ変えられるのである。

虚無と罪

しかし現実に生きている人間は、罪の下にいるので、救済史は罪人が裁かれ赦《ゆる》される歴史、罪人が拒絶され承認される歴史という性格をもつ。また救済史は人間の罪と神の恵みの戦いの歴史であり、義認と聖化は、神が罪人の歪曲と混乱を克服する歴史である。

さてハイデガーは、現代において虚無の問題を深く考えた思想家である。ところがバルトの視座からみれば、初期ハイデガーの本来的人間と非本来的人間の区別は、人間が勝手に自分で立法者、検事、判事になり、罪について基準を定め、その立場から人間の罪を裁いている事実を指示しているにすぎない。しかもバルトにとっては、人間が善悪の基準を決定することができると思い上がっていること自体が罪なのである。では一体、罪とは何であろうか。バルトは虚無（das Nichtige）を罪の根として捉え、個々の罪悪を虚無という根本現象の各局面とみる。人間が犯す個々の罪は、人間が虚無の犠牲者、また虚無の手先となって、虚無を確認しているにすぎない。不遜、偽り、憎しみ、高慢、愚鈍、怠惰、不安などの人間の罪は、すべて虚無が異なった形式の下に自己を表現したものである。

この罪の払う価は死であり、イエスはその死によって悪を悪として示し、人間の言い逃れを遮断《しゃだん》し、罪の裁きを自己の上に引き受けたのである。またキリストが罪人との連帯を引き受け、われわれの代わりに死んだことは、われわれが成し遂げることができなかった罪の赦しと救済を、キリストが完成したことを意味する。しかしキリストの代償の死が効力をもつためには、自閉的な人間の存在の堅い殻がキリストの愛によって打ち砕かれて、キリストと人間の間に交わりが確立されることが前提となる。自由神学は、客観的存在であるキリストとの交わりを解消し、すべてを人間の主観的な罪の意識に還元したので、罪の存在論的性格と客観的性格を見失う結果を招いたのであった。

バルトの虚無とハイデガーの無　ここで、バルトの虚無とハイデガーの無（Nichts）について、簡単に考察してみよう。たしかにハイデガーも存在者を脅かす無の力について語るが、ハイデガーは無と存在を同一視する。これはハイデガーがドイツ-ロマン主義の伝統の下に「母なる大地」の信仰をもつからである。無は深淵によって象徴されるが、深淵は存在者を呑み込み、否定すると同時に、存在者を産み出す母胎でもある。それゆえバルトは、ハイデガーの無は人間を脅かす性格を失い、ハイデガーは神とサタンを同一視すると主張する。西洋の民族宗教には、キリストとサタンを兄弟とみる宗教があり、バルトのハイデガー批判は宗教史学の視座からみて、正しいといえる。つまりハイデガーの無は否定と肯定を内包し、純粋な否定性であるキリスト教の虚無とは異なる。

ハイデガー

しかしバルトも神が虚無（悪）を克服することについては異論はなく、悪は存在論的には存在することはできないと主張する。すなわち悪は自分自身によっては(a se)存在しえず、何かを否定することによってのみ存在しうるのである。例えば、世俗社会は神の恵みに依存し、神の恵みなしには存在することができないにも拘らず、自分の宗教的源泉である神の恵みを否定することによって存在し、しかもみずから立っていると思っている。同様に、悪も神の忍耐なしには存在することができないのにも拘らず、自存していると思っているのである。

バルト神学における神の恵みの勝利は、この悪の存在論的不可能性と表裏をなし、悪の脅威は神の恵みによって克服される。それゆえ正統神学は、バルトが悪の深刻さを見失っている、と主張する。しかし虚無が最終的な支配権をもつことを承認するとすれば、善悪二元論を説くマニ教に帰着せざるを得ない。それゆえバルトは、罪のために十字架にかけられたキリストを通して示された神の恵みによって、虚無を克服するのである。ところがハイデガーの無(空)は、すべてを否定する西洋的な虚無ではなく、バルトの神の恵みに呼応する肯定面を内包する東洋的無(空)なのである。

歴史の三層構造

創造の歴史と救済の歴史は、原初においては前後の関係にあり、次には並列して進行する。キリストは両者の中心に立ち、両者を統合するので、全世界はまずキリストによって神と和解し、このキリストの中でのみ個人と神の和解は可能となる。ルターの信仰義認の教義の「信仰のみ」は「キリストのみ」の反響であり、信仰者と未信仰者の差異は、信仰者はキリストが世界史の実体であることを知っているという事実である。したがってブルトマンの神学的実存主義とキリストによる和解とは異なるものであり、神学的実存主義は和解の一局面である聖化（自己超越）の枠組みの中に位置づけられる。人間の義は、まず神の義であり、人間が脱自的に神と交わることによって人間の義となるのである。同様に、人間の本来的歴史は、まず神の歴史として存在し、人間が脱自的に神の歴史に参与するとき、人間の歴史となるのである。

また神による人間の義認、聖化、召命は、人間がそれらを経験したとき、初めて意味をもつのではない。神と人間の和解は、世界の創造以前において、キリストにおける神の選び（予定）として生起する根源的出来事である。永遠の神の生は、時間における神の働きの根拠であり、三位一体の神固有の空間の中には上下、前後、我と汝、命令と服従の関係が存在する。これが神の中に出来事が生起し、神が歴史をもつ根拠なのである。この神は、脱自的に自己の歴史を世界史の中に実現するので、キリストの出来事は、三位一体の神の領域と同一性と差異性を保持する領域において神が行為する事実を指示する。それゆえ神による人間の義認、聖化、召命は、上から垂直に切り込んでくる神の働きであるとともに、キリストの出来事との関係において、地上で水平的に実現される神の歴史の過程でもある。

このようにバルトが三位一体の神からキリストの出来事へと歴史の存在論的根拠を移行させることができるのは、神と人間が我と汝の関係の中に存在するからである。事実、三位一体の神の歴史とキリストの歴史と人間の歴史は、全部、我と汝の交わりに基づいて展開する。それゆえ神と人間の和解は、キリストとキリスト者の間に展開される歴史でもある。人間は、神との交わりの中に脱自的（extra se）に存在するので、人間の存在根拠は、この神と人間の関係（歴史）を創り出す関係（歴史）であり、これがキリストの出来事であり、聖霊の働きであり、神である。そしてこれが神と人間の間に成立するバルトの関係の比論、信仰の比論、歴史の比論の核心である。この枠組みの中で、われわれが神との交わりの中に脱自的に存在する限り、われわれは義人であるが、われわれが自我の中に閉じこもる限り、われわれは罪人なのである。

キリスト

予定論とキリスト論

バルト神学の中核は予定論であり、予定論は神の召命に対する人間の応答を本質とする。すなわち、われわれが神の召命に応答し、神の歴史に参与するとき、神の歴史は世界史の中に実現され、神の選びは成就する。これは神の予定が上から下への神の運動だけではなく、下から上への人間の運動をも包摂することを意味し、神の行為と人間の行為の統合によって真の歴史が形成されることを意味する。とすれば、キリスト＝イエスが真の神であるとともに真の人間であると主張するキリスト論は、神の選び（予定論）の核心となるわけである。

事実、キリスト＝イエスの生涯は、神の選びと同様に、「私はあなたがたの神となり、あなたがたは私の民となるであろう」というイスラエルに対する神の約束の成就である。それゆえ神の召命とイエスの応答の間に展開される歴史は、神と人間の間の垂直の関係だけではなく、イスラエルと教会の歴史的展開という水平面をも内包する。これが旧約聖書と新約聖書の歴史であり、この大きな枠組みの中で、バルトはそのキリスト論を展開するのである。

イエスの生涯は、一方では苦難に満ちたユダヤ人の歴史を内包し、他方では栄光に満ちた教会の歴史を内包する。苦難の歴史と栄光の歴史は、同一の出来事の二側面であり、両者を分離することはできない。このイスラエルとキリスト教会の歴史によって象徴されるように、キリストの出来事は、罪人を救うために自己を低くして受肉した神と、神への従順のゆえに天にまで挙げられた人間イエスとの間に展開された歴史である。

キリストの二性に関しては、キリストの受肉以前に、神性と人性がそれぞれ独立に存在し、この二性をキリストが統合すると考えられるべきではない。むしろ神の行為によってキリストの出来事が生起し、キリストの出来事の中に取り入れられた人性と神性の交わりの歴史が、処女降誕、ヨルダンからゲッセマネへの道、十字架上の死、復活、昇天の歴史となって展開したと考えられるべきである。これは、『プロスロギオン』研究において、神の懐の中に包み込まれた人間が神との間に歴史を展開する事実の原型と考えられるべきなのである。

キリストの受肉は、まず永遠の救いの決断を実現した神の行為であり、キリストの生涯は神の永遠の出来事を啓示する。そしてキリストの十字架と復活は、永遠の昔、すでに成就した神と人間の和解と、人間の罪と死に対する神の勝利とを啓示する。キリストの受肉と復活は、三位一体の神の中で展開される交わりと歴史を世界史の中で実現したものであり、世界史を導く神の摂理は、キリストの出来事の中に根差しているのである。

神性と人性の統合

キリストの神性と人性の関係は、古来、神学者を悩ませた問題である。しかしかし、ここではその詳細な学説は一切省略し、バルトの立場だけに言及することにする。バルトによれば、処女降誕（受肉）と空虚な墓（復活）は、無関係な出来事ではなく、キリストの和解の出来事という同一の客観的内容を異なる出来事という形式で指示しているのである。イエス＝キリストの受肉と復活は、イエスが歴史に属しながらも歴史を超越することにより、キリストの人性と神性の証しとなるのである。

さてイエス＝キリストは神の出来事であり、この神の出来事がイエスの人性の存在根拠である。それゆえキリストの人格は、眼にみえない子なる神であるロゴスが、受肉によってその人性を現し、また十字架にかけられた後、復活して高く挙げられたことによりその神性を現したというように本体と現象の関係として考えられるべきではない。古典的神学者たちは、たしかに、キリストの受肉と復活においては、神の力動的な行為に気付いていた。しかし受肉と復活によって括弧に入れられたイエスの地上の生涯については、彼らは「無時間的＝非現実的な存在の偉大な静かさ」だけを見たのである。そして古典的神学者たちは、この静的現象を、受肉から埋葬までの卑下の状態と、復活後の高挙の状態という時間的に前後する二つの状態の教義によって表現したのである。

しかしキリスト論の根本的主題は、神と人間の交わりと歴史であり、眼にみえないロゴスとその二性の現象ではない。キリストの卑下の状態と高挙の状態を静的な現象とみれば、本体である神は、これらの現象の背後に隠れていることになり、神の歴史性は否定されることになるからである。キリスト論には、神性と人性を孤立した二つの静的な状態とみなす二元論的思考や、神性と人性を混同する一元論的思考は相応しくなく、キリスト論は神性と人性の交わりを本質とすべきである。

神の子は、処女降誕によって人間性を取り、イエス=キリストとなった。このキリストの出来事の中で、神は人性と神性の交わりを確立し、人性と神性を統合する。つまり三位一体の神の本質が交わりと歴史であるように、地上のキリスト=イエスの生涯も神性と人性の交わりと歴史を本質とするわけである。ところがルター派正統神学は、キリスト論を受肉と復活の二極に還元し、この二極においてのみ神の働きを認め、キリストの人性と神性を、それぞれ、イエスの降誕から埋葬までの卑下した状態と復活後の高挙の状態に還元したのである。しかしこのような考え方は、聖書の記事とは相容れない。

他方、バルトは、キリストの存在を神と人間の間に展開される歴史とみて、この歴史の主体である神の行為を、キリストの神性と人性の間に展開される歴史の存在根拠とみる。したがってバルトは、キリストの自己卑下のあり方（受肉）とキリストの高挙のあり方（昇天）は、時間的に継起する異なった状態ではなく、キリスト=イエスの同一の出来事の両面であると理解する。そしてバルトは、卑下の状態（神の子の遠い異国への旅）と高挙の状態（人の子の天国への帰郷）は、表層的には、時間的に継起する二つの異なった状態ではあるが、根源的には、キリストの出来事として同一性を保持すると主張するわけである。この事態は、「前進は後進である」と主張するヘーゲルの『論理学』の世界や、神の言葉の内核から外核への道（啓示の出来事）と外核から内核への道（神学の方法=聖霊の働き）の同一性を説くバルトのアンセルムス論とホモロジーないし比論の関係に立つであろう。

実体の統合と行為の統合　さてカルヴァン主義正統神学によると、キリストの人性は、元来、独立した実体、存在の中心をもたず（ahypostasis）、実体としてのキリストの人格の中に取り入れられて（enhypostasis）、初めて人性として場所を与えられ、神性との交わりに高められたのである。そしてキリストの神性と人性の統合は、キリストの出来事の中にキリストが存在することを指示するのである。それゆえ古典神学が主張するキリストの神性と人性の実体的統合（unio hypostatica）は、キリストの神性と人性の行為の統合（unio operationum）を静的断面で捉えたものなのである。

しかもキリストにおける神性と人性が、共通の行為に参与すること（communicatio operationum）は、神の召命に人間が応答し、神の行為に人間が奉仕することを意味する。この神性と人性が共通の行為にあずかることによって、神の子の卑下と人の子の高挙を統合する根源的歴史が形成されるのである。したがって卑下と高挙というキリストの二つのあり方を、異なる領域における異なる状態であると理解するルター派正統神学のキリスト論は、キリストの根源的あり方から抽象された第二次的な区別を指示しているわけである。

すでに言及したように、バルトにとってキリストの出来事は、神の現実性であり、神と人間の間に展開される真に実在する歴史である。この真実在の歴史は、神の救いの決断と行為をキリストの出来事として展開する神の歴史であり、ブルトマンの「信仰のキリスト」と近代史学の「史的イエス」を、その両側面としてもつ。つまり人間の実存的信仰と近代史学の資料分析を、バルトの歴史概念は内包するわけである。

近代史学と出来事

近代史学は近代の自然科学に範を取り、人間が自由に使うことができる資料の世界を前提する。そして同種、同型の事件が先例としてあり、過去の事件と現在の事件が共通の因果関係の法則により説明されることが歴史学成立の条件となる。したがって近代史学は、近代科学と同様に、科学的に説明されるという条件の下でのみ、出来事を歴史学の中に取り入れる傾向をもつ。つまり近代史学は、近代の西洋社会の常識が承認する記録を実際に生起した事件であると承認し、科学的に実証できないような稀有《けう》でユニークな記録を虚偽であると判断する傾向をもつわけである。とすれば、近代人によって神話が空虚であると判断されるのと同様に、真に実在する神の歴史も空虚であると判断される傾向をもつことは当然のことである。

しかし近代科学の法則が通用する領域は限定されており、その周囲には、近代科学の自然法則が通用しない広大な領域が存在する。しかもバルトによれば、これらすべての領域は神の空間によって統合されているのである。とすると近代科学の領域は、神の創造の行為が自己を限定して形成した領域で、科学的法則が通用する領域となる。このような視座からみれば、近代科学や近代史学が承認する事実は、海上に姿を現している氷山の一角が、海中に存在する氷山全体を指示するように、神の根源的行為や出来事を指示するとも考えられる。その上、バルトの根源的歴史の世界は、現代の量子力学の世界に比論的に呼応するとも考えられるので、近代科学と近代史学の世界は、バルトの世界の表層面を表現していると考えられるのである。

口碑・神話と真の歴史

さて神の根源的行為は真に実在する歴史であるが、この歴史はまず創造の行為として自己を実現する。真に実在する歴史は、既存の枠組みの中で偶然に変化する事態ではなく、既存の枠組み自体を解体する事態に関わる。例えば、創造の行為としての真の歴史は、天地が存在するか、一切が無にとどまるかを決定する出来事である。また、キリストの降誕と復活、復活後四〇日間キリストが弟子たちに現れたこと、キリストの昇天と再臨は、全部、既存の枠組みを解体する神の出来事であり、真に実在する歴史を形成する。

ところが真に実在する歴史は、近代史学の意味での歴史（Historie）をも、その一面としてもつので、人間の知覚の対象となる。この事態を指示するのが、口碑（Sage）と伝説（saga）と叙事詩である。口碑はヒストリエ（近代史学の対象となる歴史）以前の歴史的事実を直観的に表現し、伝説はヒストリエに先行する出来事の過程を表現する。そして聖書は、歴史的記録という衣をまとった口碑や伝説を含む。この領域は、近代史学の立場からみれば、まだ暗闇に覆われているが、ヒストリエが成立する母胎である。なぜならば、この領域こそ神の啓示と人間の応答が歴史として展開する領域だからである。

例えば、イエスの復活は、その表層面においては、たしかに近代史学の対象となる。しかし根源的な出来事という意味でのイエスの復活は、中立的態度を取る傍観者によっては認識されず、神の言葉に応答する者によってのみ認識される。したがって真の歴史は、ブルトマンの実存的信仰を、神の恵みに対する人間の応答という形式で内包する。換言すれば、コリント前書一五章のキリストの復活の記事は、近代史学の意味で確認された記録ではなく、教団を支える伝統に基づいて信仰の決断を勧告する文章として理解されるべきなのである。

さらに現代史学の視座からみれば、口碑や神話にとって重要なことは、それらが指示する歴史的事実が現実に存在したということである。それゆえ復活の資料が近代史学の要求する基準に達しないとしても、復活の事実を指示することができれば十分なのである。

バルトの理解によれば、神話は、根源的世界を前提とし、この根源的世界に基づいて古代人が形成した原始的世界像の表現であり、世界の根拠と真理についての記述なのである。ところがバルトの真に実在する歴史は、世界を創造し、人間の存在に意味を賦与《ふよ》する神の根源的行為、根源的出来事であるから、神話が指示する根源的世界であり、空虚ではなく、真の意味で実在する。

人間の本質の変化

さて、キリストの出来事、つまり真に実在する歴史は、世界の存在と本質を決定するのと同様に、人間の存在と本質を決定する。したがってわれわれは、キリストの出来事について論ずべきではない。換言すれば、神の存在論的証明が神の啓示とわれわれの信仰の枠組みの中で論じられたように、キリストが実在した事実も、中立的態度を標榜する近代史学によって証明されるべきではなく、キリストの出来事によって生き方を変えられた信仰者によって証しされるべきなのである。

中立的な科学的態度で、われわれは、まず中立的な傍観者として聖書を読み、自分の罪を示され、神の救いの働きを信ずる。こうしてわれわれの生き方が変えられるとすれば、われわれはもはや中立的な傍観者ではなくなり、近代史学の方法がキリストの復活について虚実の判断を下す絶対的な基準ではなく、信仰という根本的な基準に基づいた第二次的な基準であることを理解する。つまり神の啓示の出来事を理解するためには、中立的であることを標榜する「理性をもつ動物」から、神の恵みに感謝する人間に変えられる必要があるわけである。

われわれはすべて客観的な事実から出発するが、われわれのあり方（本質）が変えられれば、当然、資料の扱い方も異なってくる。そして科学的な客観性を標榜する近代史学が実は人間の主観性に立脚しており、生まれ変わった人間の主観的信仰が聖霊の客観的な証しに基づいている事実が明らかになる。つまり、キリストの出来事に関しては、聖霊の証しに基づいた上で、初めて近代史学の基準は効力をもつのである。

換言すると、近代史学は、キリストの出来事に対する人間の証しを批判的に考察する限り、意味があり効力をもつ。したがってバルトは、近代史学の批判的方法を自己の聖書釈義の前提とする。しかし近代史学の批判的方法が神の啓示と人間の信仰の根本的な枠組みから切り離されて論じられるとすれば、それは無意味となる。例えば、空虚の墓についての議論は、復活後のイエスが弟子たちと交わりをもったという枠組みの中でのみ意味あることなのである。反面、ブルトマンのように復活の事実を弟子たちの内面的な決断に還元することは、キリストの復活の正しい理解とはいえない。空虚な墓は、キリストの復活が天上における形而上学的な真理ではなく、地上において実際に生起した出来事を証しするという意味で重要なのである。

われわれは、天上における神の会議に出席したわけではないので、神の予定や救いの計画について何も語る資格はなく、ただ聖書が証しする歴史の事実を前提としてのみ語ることが許される。それゆえバルトは、古典神学の神論、予定論、キリスト論を救済史の枠組みの中で考え直すのである。そしてこの枠組みの中で、真に実在する神の歴史が神の現実性とキリストの出来事に対応し、近代史学の史的イエスとブルトマンの信仰のキリストを統合する事実が明らかになる。またこの事実は、バルトの人間論が理性と身体の対立を聖霊によって統合する事実にも対応するのである。

以上、バルト神学の主要部分を概観して気付くことは、バルトは神の現実性、神の選び、人間については、キリスト論の視座から考察しており、ここに古典的正統神学に対するバルト神学の新しさがある。反面、和解論、キリスト論においては、神の領域とキリストの神性を強調することによって、キリストを単なる人間イエスとみる近代や現代の神学的傾向に対して、古典的正統神学の立場を擁護する。

私のフラー神学校時代の指導教授であるジェフリー=ブロムリーはこの事実に注目し、晩年のバルトはより正統的になったと主張する。たしかに晩年のバルトは教会のリバイバルに関心をもち、近代神学よりも正統神学を高く評価していたことは否定できない。しかしバルトは、はじめから三位一体論に基づいて自己の神学を展開しているのであり、神についてはキリストの出来事の視座から論じ、和解やキリストについては、単なる人間イエスではなく、神(キリストの神性)の視座から論じているとみる方が公平かつ健全な見方であろう。

聖霊

アンセルムス書と聖霊論　キリスト教は三位一体の神を信ずる。この三位一体の神について語っているバルト神学の入門書である本書も、聖霊論をもって終章とする。バルトはアンセルムス書の出版により自己の神学的立場を確立したが、その当時、聖霊論の視座から自己の教義学を展開する可能性について考慮したとのちに回顧している。ただ、神の霊と人間の霊(精神)を区別する困難さに加えて、当時ヒューマニズムに基づく自由神学と戦っていた関係上、この計画を実行するのを見合わせ、客観的なキリスト論的神学を展開する決断をしたと語っている。そういえば、三位一体の神の交わり、神と人間の交わり、人間と人間の交わりというバルト神学の主題は、聖霊論の中に固有の場所をもつ。またシュライアマッハーの『信仰論』にはアンセルムスの「知るために信ずる」という言葉が冠してあるし、バルトの『キリスト教教義学への序論』が出版されたとき、バルトをシュライアマッハーの立場に位置づける批評家もいたほどである。

この事実は、バルトのアンセルムス書の神がもはや古典的正統神学の父なる神というよりも、キリストの出来事、聖霊の働きを指示している事実を物語る。既述のようにバルトの神の現実性が父なる神の属性である超越性、自己依存性、自己隠蔽性と、愛の神の自己啓示という子なる神、聖霊なる神のあり方とを統合している事実は、この辺の消息を如実に物語っている。

さてバルトの神は、「神の言葉」という三重の同心円の最内核に隠れている父なる神が、聖書すなわち客観的なキリスト（内核）を通して、われわれの信仰（外核）にまで現れる聖霊であるという三位一体の神である。この神の啓示の運動に逆対応して、バルトの神学方法はわれわれの思考の中に内在化された神概念から、それに対応する客観的存在を経て、真に実在する三位一体の神の現実性を認識するまで、われわれを導く道を辿ることを本質とする。ところが聖霊は父なる神と子なる神から出てくる神であり、神の言葉の最内核からわれわれに現れてくる神の道と、われわれを聖書の外核から最内核へ導く道の同一性を確立する。三位一体の神の働きは分離することができず、神の存在の三領域は同一の主題的事態（Sache）を三度繰り返すことの表現であり、バルト神学はこの神の三領域を統合することを本質とする。

聖霊の働きと歴史

前節で述べた内容を異なった言葉で表現すると、バルト神学は神の歴史、キリストの歴史、人間の歴史を統合することをその主題とする。この神の歴史と人間の歴史を統合するキリストの出来事が根源的な実在であり、この統合を遂行する神の行為が聖霊の働きである。そして神の歴史、キリストの歴史、人間の歴史が聖霊の働きによって統合される根拠は、父、子、聖霊なる三位一体の神の中に展開される交わりと歴史なのである。
この事実に対応してバルトは、神論、キリスト論、聖霊論において、歴史の三領域の統合という同一の主題を、異なった視座から考察する。すなわち三位一体の神の交わりと歴史は、聖霊の働きを通して、人間を自己の中に包み込み、神と人間の間に交わりと歴史を展開するが、この人間を救い、神との交わりの中に取り入れるためにキリストは受肉して罪人の身代わりとなって十字架にかけられたのである。それゆえ地上におけるキリストの出来事は、天上における三位一体の神の交わりと歴史を、地上における人間の交わりと歴史の中で繰り返すために生起したのである。このキリストの出来事と聖霊の働きによって、神の歴史と人間の歴史が呼応し、神と人間の間にバルトの信仰の比論、関係の比論が確立されるのである。

聖霊と交わり 三位一体の神が自己の中で交わりを展開する事実は、神の歴史（生）において聖霊が父なる神「と子なる神から」(filioque) 出て来た事実に対応する。聖霊は、三位一体の神の中に交わりを展開し、また神と人間の間に交わりを確立する神のあり方 (Seins-weise) である。したがってわれわれが神と隣人との交わりを抜きにして三位一体の神について論ずるとすれば、われわれの議論は空虚であり無意味である。
詳言すると、交わりは自己否定に基づき、自己否定は隣人の要求を容れて自己を否定することであり、自己否定の存在根拠は隣人への愛である。なぜなら孤立した生活においては、真の自己否定や自己超越はありえず、隣人なしに生きることは、人間が非人間的になることだからである。また垂直的な関係において神との交わりから身を引くことは、水平的な関係において隣人との交わりから身を引き孤立することに呼応する。したがって隣人との交わりを抜きにして、愛や神について語ることは、愛や神を空虚にする。つまりわれわれが隣人との交わりを確立することなく、単に孤立した傍観者にとどまるならば、われわれは神と人間を愛することを中止し、その結果、われわれは人間であることを失格し、神も死に至るのである。

他方、聖霊の働きを通して、キリストの欠けたところを補う人間の交わりが教会であり、キリストの愛の溢れた場所が教会である。たしかに教会を建設するのは神の決断と行為である。しかし神とともに生きることを決断するのは人間であり、この人間の決断を可能にさせるのが聖霊の働きである。そしてキリスト教会が聖霊によって生きる時にのみ、キリストは完全な形で地上に生きる。これが、神は人間のために時間をもつという意味であり、キリスト教における「反復」の意味である。神は、自己の中に世界史を包括する存在（永遠）であると同時に、世界史の過程（時間）の中に自己を反復し、存在する。

聖霊の働きにとって固有の存在様態（Seinsweise）は、我と汝の交わりである。したがって聖霊の視座から、キリスト教の主題である愛について論ずることが可能になる。愛は自己を否定して他者のために生きることであるが、これがアガペーであり、自己の主張を貫くエロースとは異なる。しかしアガペーもエロースも、人間にとって生得の性質ではなく、人間に対して出来事として生起する。

アガペーとエロース

換言すると、アガペーは神の像に相応しい人間のあり方として生起するのに対して、エロースは神の像に逆らった人間のあり方として生起する。第八章「神の選び」の中で言及したように、人間の本来的あり方は交わりと和解であり、孤独と滅びは人間の非本来的あり方であるが、この二つのあり方がアガペーとエロースとに対応する。エロースは、神と隣人に対して自己を閉じている人間のあり方である。そして孤立した人間にとっては、愛はエロースであり、この愛の主体と客体は同一の自我である。したがって自閉的な人間にとっては、神も自閉的な存在と映る。その結果、エロースのあり方をする人間は自己中心的な生き方をし、神をも自分とは関係のない空虚な存在と考える。しかし神は実在している。つまりキリストの愛に応答しない孤独の人間に対しては、神は自己を隠している事実に、われわれが気付かないだけのことなのである。

さてアガペーは、自己を他者へ与えることであるが、他者の中に自己を失うことではない。なぜならば、他者の中に自己を失うならば、主体と客体は再び同一となり、エロースのあり方に逆戻りするからである。真の意味で自己を他者に与えることは、脱自的に生きることであり、隣人との交わりの中に脱自的に生きる人間の存在根拠は三位一体の神の交わりである。そして人間のあり方が神のあり方を反映し、神の像(姿)を実現するまでに人間を導くのは聖霊なる神である。聖霊は、自発的な愛の行為へとわれわれを解放し、神と人間、人間と人間の交わりを確立する。この愛と交わりが神の創造と救済の本質であり、愛は過去、現在、将来を結ぶ絆《きずな》なのである。

あとがき

本書で私は、以上、一三冊、九〇〇〇頁を越える膨大な『教会教義学』を概観してきたが、割愛しなければならなかった部分が多く、力の足りなさを痛感した次第である。その上、バルトの政治論文集、説教集、その他の諸著作を全部省略せざるを得なかった。これらの領域に興味のある読者は、本書の第一部が依拠したエバハルト=ブッシュ著、小川圭治訳の『カール=バルトの生涯』(新教出版社)や大木英夫著『バルト』(講談社)を読んでいただければ幸いである。

さて、プロテスタント正統神学は、古来、聖書に基づいて議論を展開する聖書原理を堅持するので、神学の形式原理が聖書であることは不動の大前提であった。ただ聖書の中のどの概念を自己の神学の根本原理とするかについては、神学者の間に相違があった。例えば、ルターとカルヴァンは、それぞれ「信仰による義認」と「予定論」を自己の神学の実質原理とし、その視座から聖書を解釈した。ところがバルトは、神学の形式原理と実質原理をともに神の言葉と捉え、神の言葉つまり啓示の出来事、キリストの出来事、また神の言葉が形成する根源的歴史(原歴史)、神と人間の出会いと交わり、またその原型である三位一体の神の出会いと交わりの視座から聖書を解釈し、神学各論を構築する。そこで私は、まず、これらの基礎概念がバルト神学の根底を形成している事実を示し、神論、創造論、人間論、和解論、救済論、終末論などの神学各論が、キリストの出来事つまり原歴史に基づいて構築されている事実を示そうと試みたが、はたして成功したであろうか。

次に、バルト神学は、正統神学と自由神学を止揚する新正統神学と呼ばれる。このキリスト教会内部の術語を広い世界の言葉で表現すると、バルトは、古典哲学と近代哲学を止揚し統合する立場で、思考していることになる。それゆえバルト神学の基礎概念である根源的歴史（原歴史）、神の言葉、キリストの出来事、神と人間の交わりは、すべて神中心の古典神学の立場と人間中心の近代神学の立場を止揚し統合する根源的事態を表現する。

例えば、根源的歴史（原歴史）は、もはや正統神学が理解したような神の計画や、自由神学が理解したように人間の努力によって形成されるのではなく、神の呼びかけに応答する人間の行為、すなわちキリストの出来事によって形成されるのである。また正統神学は、キリストの人格や働きというように、客観的な視座からキリストについて論じた。ところがバルトは、キリストの出来事とは、もはや客観的に捉えることはできず、神の呼びかけにわれわれが応答することが、キリストの出来事が生起することであると理解する。そしてバルトは、この主観と客観を統合するキリストの出来事の視座から、神学各論を論ずる。その結果、同じ聖書釈義に基づきながらも、主観と客観の対立の視座から聖書の内容を整理する正統神学よりも、より根源的な視座、すなわち根源的客体性の視座から、バルトは聖書釈義にたずさわるのである。

　これがバルト神学の本質であるが、限られた紙数の中で、できるだけ多方面にわたりバルト神学の核心に迫ろうとしたため、バルトの思想をやさしく紹介するという任務をなおざりにしたのではないかと恐れる次第である。しかし入門書といっても、バルト神学の真髄に迫ることは必須の条件であり、本書には本書なりの存在理由はあると思う。

　しかし、なんといっても、本書は概説書であり、バルト神学のすべての問題点を論ずることからは程遠いので、興味をもたれた読者は巻末の参考文献を参照しながら、バルトの教義学とその源泉である聖書の奥の奥、裏の裏のまで読み抜いていただきたい。これがバルトの聖書釈義の方法であり、聖書の中から神が呼びかけてくること、また神が現れてくることと表裏をなす。そしてこの神の呼びかけとわれわれの応答の統合は、神の啓示の出来事、キリストの出来事が生起することによって初めて可能になり、このバルトの解釈学にハイデガー哲学に基づく解釈学が呼応することは言うまでもない。

　客観的な視座からみれば、聖書は完結していると見えるが、この静止していると見える聖書は、実は動的な神の啓示の出来事の総体なのである。この事実は、現代物理学において原子が原子核を中心にした電子の運動の総体であり、静止していると思われる個体も実は構成粒子の運動から成立している事実と比論の関係にあるといえるであろう。

しかしこのような比論は、あくまでも構造論的な相同性に依拠するだけであり、キリストの出来事とハイデガーの開示としての存在や量子力学の相違は、再びキリスト教と哲学の相違、啓示神学と自然神学の相違として、再検討されねばならないであろう。

最後に本書を出版するにあたり、第一部「バルトの生涯」の原稿を読んでいただいた筑波大学の小川圭治教授、有益な御注意をいただいた新教出版社社長森岡巌氏、たいへん御厄介になった清水書院編集部の徳永隆氏に、あらためてお礼を申し上げたい。特にバルトの写真の使用を許可してくださった新教出版社には心から感謝する次第である。

カール＝バルト年譜

西暦	年齢	年譜	背景となる社会的事件と参考事項
一八八六		5月10日、カール＝バルト、バーゼルに生まれる。父フリッツ、母アンネ。	ティリッヒ生まれる。
八八	2	5月、次弟ペーター生まれる。	ドイツ、ウィルヘルム2世即位。
八九	3	4月、父フリッツ、ベルン大学私講師となる。	ブルンナー生まれる。 ハイデガー生まれる（～一九七六）。
九〇	4	2月、末弟ハインリッヒ生まれる。	ビスマルク、宰相を辞任。
九三	7	1月、妹カタリーナ生まれる。	エディソン、活動写真を発明。
九五	9	父フリッツ、正教授に昇進。	ドレフュス事件。 日清戦争終結（一八九四～）。
一九〇〇	14		ニーチェ没す（一八四四～）。
〇二	16	3月23日、堅信礼を受ける。その前夜に神学者となる決心をする。	日英同盟成立。
〇四	18	10月、ベルン大学入学。	日露戦争おこる（～〇五）。
〇六	20	10月、ベルリン大学に留学。ハルナックの講義を聴く。	

一九〇七	21	ロェシー=ミュンガーとの恋愛。 10月、テュービンゲン大学に留学。シュラッターの講義を聴く。	英・仏・露、三国協商成立。
〇八	22	12月、クリストフ=ブルームハルトに会う。 4月、マールブルク大学に留学。ヘルマンの講義を聴く。ブルトマンと会う。 マルティン=ラーデの助手として「キリスト教世界」を編集する。	
〇九	23	9月、ジュネーヴの改革派教会の副牧師となる。	日本、韓国を併合。 キルケゴールのドイツ語訳全集の刊行開始。
一一	25	5月、ネリー=ホフマンと婚約。 7月、ザーフェンヴィル教会の牧師に就任。	中国で辛亥革命おこる。
一二	26	2月、父フリッツ没する。	中華民国成立。
一三	27	3月27日、ネリーと結婚。クッター、ラガツ、実業家ペスタロッチと知り合う。	トゥルナイゼン、近隣の教会の牧師に就任。
一四	28	4月、長女フランシスカ誕生。 8月、第一次世界大戦に際し、ウィルヘルム2世の戦争政策を93人のドイツ知識人が支持。	第一次世界大戦始まる。

一九一五	29	1月、スイス社会民主党に入党。 4月、次弟ペーター、ラーデの娘と結婚。ブルームハルトに会う。 10月、長男マルクース誕生。	アインシュタイン、一般相対性理論を発表。 ヴィンデルバント没す（一八四八～）。
一六	30	7月、『ロマ書』の執筆を開始する。	
一七	31	教会役員である資本家・工場主と対立し、労働者を支持する。 9月、次男クリストフ誕生。	3月、ロシア革命始まる。 11月、ソヴィエト政府成立。
一八	32	8月、『ロマ書』の執筆を終える。 11月、労使関係をめぐって、教会分裂する。	11月、第一次世界大戦終結。
一九	33	5月、メーデーに参加したバルトに対して、教会役員が反対する。 9月、ゴーガルテンに会う。	パリ講和会議。 ヴェルサイユ講和条約調印。
二〇	34	オーフェルベック、キルケゴール、ドストエフスキー、ニーチェを読む。	国際連盟成立。
二一	35	1月、ゲッティンゲン大学から招聘される。 4月、三男マッティアス誕生。 9月、『ロマ書』第二版の執筆を終える。 10月、ゲッティンゲンに出発。	ワシントン軍縮会議（～二二）。
二二	36	1月、ミュンスター大学から名誉博士号を受ける。	イタリア、ムッソリーニ内閣成立。

		ゴーガルテン、トゥルナイゼンらと「時の間」誌の刊行開始。	
一九二三	37	1月、「キリスト教世界」誌でハルナックと神学論争をする。	ドイツのマルク、大暴落。
二四	38	ヘッペ編の『改革派教会の教義学』を読む。	レーニン没す（一八七〇〜）。
二五	39	4月、四男ハンス=ヤーコブ誕生。 9月、キルシバウム女史、バルトの秘書となる。 10月、ミュンスター大学に赴任。アウグスティヌスとルターを研究。	スターリン、台頭。 孫文没す（一八六六〜）。 ヒンデンブルク、大統領に就任。 ハイゼンベルク、量子力学を創始。
二六	40	夏学期、アンセルムスの『クールーデウスーホモ』を演習で取り上げる。	ハイゼンベルク、不確定性原理を確立する。
二七	41	『キリスト教教義学への序論』を出版。	リンドバーグ、大西洋横断飛行。
二八	42	冬学期、トマス=アクイナスを演習で取り上げる。 『教会と神学』を出版。	
二九	43	2月、プシュワラを演習に招く。	10月、世界大恐慌始まる。
三〇	44	3月、ボン大学に移る。 6月、グラスゴー大学より名誉博士号を受ける。 7月、アンセルムスの『プロスロギオン』の研究を開始。	1月、ロンドン軍縮会議。
三一	45	5月、ドイツ社会民主党に入党。	満州事変おこる。

一九三二	46	夏学期、『教会教義学』第Ⅰ巻第1分冊の講義を開始。 4月、ボンヘッファーと会う。 冬学期、カルヴァンを演習で取り上げる。 『教会教義学』第Ⅰ巻第1分冊を出版。	3月、満州国の建国宣言。 7月、ナチス、第一党となる。
三三	47	10月、ゴーガルテンと訣別。「時の間」誌廃刊。	ヒトラー、首相に就任。 日本、国際連盟を脱退。
三四	48	5月、バルメンにて告白教会会議開かれる。バルト、バルメン宣言を起草。 9月、自然神学をめぐってブルンナーと論争。 11月、ヒトラーへの忠誠を拒否し、ボン大学教授を停職となる。	8月、ヒトラー、総統となる。 中国共産党軍の大西遷（〜三六）。
三五	49	6月、ボン大学を罷免され、バーゼル大学より招聘される。 8月、ロマドカの招きで、チェコ旅行。	イタリア、エチオピア戦争を始める（〜三六）。
三六	50	五〇歳記念の論文集を贈られる。	スペイン内乱（〜三九）。
三七	51	3月、アバディーン大学でギフォード講義。 9月、セント＝アンドルース大学より名誉博士号を受ける。	7月、日中戦争始まる。 11月、日独伊三国防共協定。

一九三八	52	『教会教義学』第I巻第2分冊を出版。 3月、オックスフォード大学より名誉博士号を受ける。アバディーン大学でギフォード講義の第二部を行う。	3月、ドイツ、オーストリアを併合。
三九	53	夏、『教会教義学』第II巻第1分冊完成。	3月、ドイツ、チェコを併合。
四〇	54	5月、長男マルクース結婚。 6月、次弟ペーター没する。ボンヘッファー、ドイツから潜行してバルトを訪問。 『教会教義学』第II巻第1分冊を出版。	6月、ドイツ軍、パリ入城。
四二	56	『教会教義学』第II巻第2分冊を出版。	ミッドウェー海戦。
四五	59	敗戦後のドイツに赴き、ブルトマンと会う。 『教会教義学』第III巻第1分冊を出版	5月、ドイツ、降伏。 8月、日本、降伏。
四六	60	アデナウアーとウルブリヒトと会見し、東西の対立緩和に努力する。 イギリスより六〇歳記念論文集を贈られる。	チェコスロヴァキアに共産党内閣成立。
四七	61	『一九世紀プロテスタント神学』を出版。	パリ平和条約調印。
四八	62	『教会教義学』第III巻第2分冊を出版。 アムステルダムの第一回世界教会会議で主題講演を行う。	国際連合、世界人権宣言を採決。
五〇	64	『教会教義学』第III巻第3分冊を出版。	朝鮮戦争おこる（〜五三）。

一九五一	65	エヴァンストンの第二回世界教会会議準備会に出席し、ニューデリーで開催することを提案する。	サンフランシスコ対日講和条約・日米安全保障条約調印。
五二	66	『教会教義学』第III巻第4分冊を出版。 イギリス女王より王授勲章の授与の報告を受ける。	アイゼンハワー、アメリカ大統領に当選。
五三	67	『教会教義学』第IV巻第1分冊を出版。	スターリン没す（一八七九〜）。
五四	68	ブダペスト大学より名誉神学博士号を受ける。 エディンバラ大学より名誉博士号を受ける。	西ドイツ、憲法改正。
五五	69	『教会教義学』第IV巻第2分冊を出版。 定期的に刑務所で説教し始める。	アジア・アフリカ会議。 5月、西ドイツ、主権を回復し、NATOに加盟。
五六	70	七〇歳記念論文集を献呈される。 エディンバラ大学より、名誉法学博士号及び名誉文学博士号を受ける。	スエズ動乱。 ハンガリー暴動。 日ソ共同宣言。
五七	71		ヨーロッパ経済共同体、調印。 ソ連、世界初の人工衛星を打ち上げる。
五八	72	ティリッヒを演習で取り上げる。	フルチョフ、ソ連首相となる。
五九	73	『教会教義学』第IV巻第3分冊を出版。 ジュネーヴ大学・ストラスブール大学より名誉博士	キューバ革命。

		号を受ける。	
一九六〇	74	ビリー=グラハムと会う。	この年、アフリカ諸国があいついで独立し、アフリカの年といわれる。
六二	76	4月、アメリカ旅行に出る。シカゴ大学より名誉神学博士号を受ける。	キューバ海上封鎖事件。
六三	77	4月、ソニング賞を受ける。 11月、ソルボンヌ大学より名誉文学博士号を受ける。 12月、ティリッヒと会う。	部分的核実験停止条約調印。 ケネディ大統領、暗殺される。
六四	78	3月、バーゼル刑務所で最後の説教をする。	東京オリンピック開催。
六五	79	7~10月、バーゼル市民病院に入院。	ティリッヒ没す。
六六	80	1月、キルシバウム女史、入院。 ブッシュ、助手となる。 八〇歳記念論文集献呈される。	ブルンナー没す。 中国、文化大革命おこる。
六七	81	『教会教義学』第IV巻第4分冊を出版（妻ネリーに献呈）。 ローマ法王、カール=ラーナーと会談。	第三次中東戦争。
六八	82	12月9日夜半、バルト召天。	ソ連軍、チェコ侵入。

参考文献

●カール＝バルトの著作の翻訳書

バルトの『教会教義学』の大部分は新教出版社から出版されている。原著『教会教義学』(Die Kirchliche Dogmatik) I／2「神の言葉」、II／1「神の認識」「神の現実性」、II／2「予定論」、III／2「人間論」、III／3「神の摂理」、III／4「倫理学」は、吉永正義訳で、また、IV／1「和解論」、IV／2「キリスト論」は、井上良雄訳で出版されているが、原著とは異なった巻数・分冊数となっている。(①〜④は原著巻数)

また、バルトの著書と論文の大部分も、新教出版社から『カール・バルト著作集』として刊行されている。

『我信ず』　桑田秀延訳　――　角川書店　一九四九
『福音と律法』　井上良雄訳　――　新教出版社　一九五三
『ロマ書』上・下　吉村善夫訳　――　角川書店　一九五三・一九五六
『カール・バルト教会教義学』　――　新教出版社　一九五九〜八五
①「神の言葉」II／1（一九七五）、II／2（一九七六）、II／3（一九七七）、II／4（一九七七）　吉永正義訳
②「神論」I／1（一九七八）、I／2（一九七九）、I／3（一九七九）　吉永正義訳
「神論」II／1（一九八二）、II／2（一九八二）　吉永正義訳
③「創造論」II／1（一九七三）、II／2（一九七四）、II／3（一九七四）　吉永正義訳
「創造論」III／1（一九八五）、III／2（一九八五）　吉永正義訳
「創造論」IV／1（一九八〇）、IV／2（一九八〇）、IV／3（一九八一）、IV／4（一九八二）　吉永正義訳

④「和解論」Ⅰ／1（一九五九）、Ⅰ／2（一九六〇）、Ⅰ／3（一九六〇）、Ⅰ／4（一九六一）　井上良雄訳
「和解論」Ⅱ／1（一九六四）、Ⅱ／2（一九六五）、Ⅱ／3（一九六六）、Ⅱ／4（一九七二）　井上良雄訳
『カール・バルト著作集』――新教出版社　一九六八～八三
1「ハルナックとの往復書簡」水垣渉訳、「神学における運命と理念」大宮溥訳
8「我信ず」安積鋭二訳、「知解を求める信仰」吉永正義訳
10「福音主義神学入門」加藤常昭訳
11「十九世紀のプロテスタント神学」上　佐藤敏夫他訳
14「ロマ書」吉永正義訳
「神の人間性」（『現代キリスト教思想叢書』9）小川圭治訳――白水社　一九七四
ヘルムート＝ゴルヴィツァー編『カール＝バルト教会教義学』鈴木正久訳――日本キリスト教団出版局　一九五一
ゴッドシー編『バルトとの対話』古屋安雄訳――新教出版社　一九六五

●その他の研究書など

菅　円吉『カール＝バルト研究』――教文館　一九六八
吉永正義『バルト神学とその特質』――新教出版社　一九七二
山本　和『救済史の神学』――創文社　一九七二
滝沢克己『カール・バルト研究』――法蔵館　一九七二
寺園喜基『カール・バルトのキリスト論研究』――創文社　一九七四
小川圭治『主体と超越』――創文社　一九七五

上田光正『カール・バルトの人間論』――日本キリスト教団出版局 一九七七
滝沢克己『バルトとマルクス』――三一書房 一九八一
大木英夫『バルト』（『人類の知的遺産』72）――講談社 一九八四
ハインリッヒ・オット「思考と存在」（『現代キリスト教思想叢書』14）川原・小川共訳――白水社 一九七四
T＝F＝トーランス『バルト初期神学の展開』吉田信夫訳――新教出版社 一九七七
エバハルト・ユンゲル『神の存在――バルト神学研究』大木英夫・佐藤司郎訳――ヨルダン社 一九八四
エバハルト＝ブッシュ『カール＝バルトの生涯』小川圭治訳――新教出版社 一九八七

さくいん

【人名】

【事　項】

カール=バルト■人と思想75　　定価はカバーに表示

1986年４月25日　第１刷発行©
2015年９月10日　新装版第１刷発行©
2023年２月15日　新装版第２刷発行

・著　者　…………………………………大島《おおしま》　末男《すえお》
・発行者　…………………………………野村久一郎
・印刷所　…………………………大日本印刷株式会社
・発行所　…………………………株式会社　清水書院

〒102-0072　東京都千代田区飯田橋3-11-6
Tel・03(5213)7151～7
振替口座・00130-3-5283
http://www.shimizushoin.co.jp

検印省略
落丁本・乱丁本は
おとりかえします。

CenturyBooks

Printed in Japan
ISBN978-4-389-42075-8